reinhardt

mensch & tier

Cosima Boyle

Lamas und Alpakas in der pädagogischen Förderung von Kindern und Jugendlichen

Mit einem Geleitwort von Ewald Isenbügel

Mit 26 Abbildungen

3., aktualisierte Auflage

Ernst Reinhardt Verlag München

Cosima Boyle, Dipl.-Pädagogin, ist in der Kinder- und Jugendhilfe im Landkreis Gifhorn tätig und bietet tierbegleitete Pädagogik mit Lamas und Alpakas auf ihrem Hof in der Altmark an.

Bibliografische Information der Deutschen Nationalbibliothek

Die Deutsche Nationalbibliothek verzeichnet diese Publikation in der Deutschen Nationalbibliografie; detaillierte bibliografische Daten sind im Internet über <http://dnb.d-nb.de> abrufbar.
ISBN 978-3-497-02905-1 (Print)
ISBN 978-3-497-61232-1 (PDF-E-Book)
ISBN 978-3-497-61233-8 (EPUB)
3., aktualisierte Auflage

Printed in EU
Coverbild unter Verwendung von Fotos von © iStock.com/A-Digit und Tom Boyle
Abb. 1–5, 7–9, 11–26 im Innenteil von Tom Boyle, Abb. 6 und 10 im Innenteil von Blandine Boyle
Satz: FELSBERG Satz & Layout, Göttingen

Ernst Reinhardt Verlag, Kemnatenstr. 46, D-80639 München
Net: www.reinhardt-verlag.de E-Mail: info@reinhardt-verlag.de

Inhalt

Geleitwort

Der erzieherische Wert und die therapeutische Bedeutung von Tieren sind seit der Antike bekannt und genutzt – meist auf empirischer Erfahrung beruhend. Heute hat der Stellenwert von Tieren im Zusammenleben mit Menschen in der vielfältigsten Weise eine weltweit gesicherte wissenschaftliche und praktische Bestätigung erfahren. Das Aufwachsen von Kindern in Familien mit Haustieren wird für die Sozialisierung und Erlebniswelt des Kindes immer bedeutungsvoller. Tiere werden mittlerweile im therapeutischen Bereich, in der Medizin, Pädagogik und Heilpädagogik, Rehabilitation, Altersbetreuung, im Strafvollzug zur Wiedereingliederung sowie in der Führungs- und Kommunikationsschulung eingesetzt und diese Einsatzliste vergrößert sich ständig.

Alle diese Aktivitäten mit Tieren werden heute in bereichs- oder tierartenspezifischen Organisationen betreut, die zum Teil weltweit koordiniert und zertifiziert sind unter dem Begriff der tiergestützten Intervention und Begleitung. Das Artenspektrum der dabei eingesetzten Tiere erfährt eine ungeahnte Ausweitung bis hin zu wirbellosen Tieren. Den Anfang machten Pferde und Hunde, sehr schnell wurden seit den 1980er Jahren mit großem Erfolg aber auch Neuweltkameliden, d. h. Lamas und Alpakas, in vielen der oben genannten Bereichen eingesetzt. Lamas und Alpakas haben als Folge ihrer 7000 Jahre alten Domestikation und Nutzung in den Anden Perus und aufgrund ihres ausgeprägten Sozialverhaltens natürliche Voraussetzungen zum Einsatz im Trekking und tiergestützter Pädagogik und Therapie. Bei kenntnisreicher Haltung, Handling und Einsatz gibt es kaum eine Tierart, die so kommunikationsbereit ist und eine so vertrauensvolle taktile Annäherung erlaubt. In der internationalen Organisation ISAAT (International Society for Animal Assisted Therapy) spielt die AATLA (Animal Assisted Therapie with Llama and Alpaca) eine bedeutende Rolle. Im vorliegenden Buch wird der Einsatzbereich von Lamas und Alpakas für den Bereich der (Erlebnis-) Pädagogik eindrücklich dargestellt.

Das Buch ist fachlich ausgezeichnet, trotzdem gut lesbar und strukturiert angelegt. In Grundsatzkapiteln wird der Kommunikation zwischen Mensch und Tier Rechnung getragen. Das Verhalten der Kameliden, die Deutung ihres Ausdruckverhaltens als Grundlage einer artgerechten Haltung und der Einsatz in den pädagogischen Maßnahmen wird beschrieben – dabei wird den unterschiedlichen Verhaltenstypen Rechnung getragen. Die körperlichen und seelisch-sozialen Auswirkungen einer Kommunikation mit Lamas und Alpakas im heutigen mediengeprägten Lebensumfeld von Kindern und Jugendlichen beeindrucken. Die Autorin schildert die Wichtigkeit der persönlichen Voraussetzungen und pädagogischen Kompetenzen im Einsatz von Tieren und die Wirkungszusammenhänge innerhalb der Erlebnispädagogik mit Neuweltkameliden. Informationen zu rechtlichen Grundlagen, Tierschutz und Hygienemaßnahmen runden das instruktive Buch ab.

Greifensee/CH, im Januar 2014
Prof. Dr. Ewald Isenbügel

Vorwort

„Spucken die?", „Kann man auf denen auch reiten?", „Warum legt der die Ohren an, mag der mich nicht?", „Beißen die?" Das erste Kennenlernen der Lamas und Alpakas ist immer von vielen Fragen geprägt. Fragen, die mich an meine ersten direkten Begegnungen mit diesen Tieren erinnern, als ich 1992 die bolivianischen Anden durchquerte.

Bei meiner Trekkingtour begleitete mich damals ein Pony, das mein Gepäck trug. Obwohl Lamas an das karge Futterangebot des Altiplano (Andenhochebene) viel besser angepasst sind, bevorzugte ich das Pony als Lasttier, da mir seine Verhaltensweisen wesentlich vertrauter waren. Ich kannte die höckerlosen Kleinkamele Südamerikas nur aus Zoos und Tierparks und konnte mir nicht vorstellen, wie ich mit diesen für mich fremdartigen Wesen zurechtkommen sollte.

Auf meiner Wanderung konnte ich die beiden Haustierrassen Lama und Alpaka sowie die Wildformen Guanako und Vikunja in freier Wildbahn beobachten. Während sich die kleinen Vikunjas und die Guanakos scheu und unnahbar, wie unser heimisches Rehwild, verhielten, wirkten die Lamas stolz und geheimnisvoll. Sie beobachteten mich mit ruhigem Blick und beeindruckten mich mit ihren gelassenen und würdevollen Bewegungen. Die Lamas hatten mich in ihren Bann gezogen, oder wie man in „Lamakreisen" sagt: der „Lamavirus" hatte mich gepackt.

Diese Tiere einmal selbst zu halten, war von da an Teil meiner Zukunftsplanung. Dabei entdeckte ich, dass es in Deutschland Einrichtungen gibt, die Lamas als Begleittiere bei der tiergestützten Arbeit einsetzen. Von da an stand für mich fest, dass diese Tiere auch Bestandteil meiner pädagogischen Arbeit werden sollten. Zunächst wollte ich eigene Lamas besitzen, um mir ein Bild vom Wesen der Tiere und den damit verbundenen Ressourcen für den pädagogischen Einsatz machen zu können.

Im Sommer 2004 zogen die ersten beiden Lamas auf meinem Hof ein. Vom Frühjahr 2007 bis zum Ende des Jahres 2009 nahm ich an der fachspezifischen Ausbildung für tiergestützte Interventionen mit landwirtschaftlichen

Nutztieren, Schwerpunkt Lamas und Alpakas, beim Ausbildungsinstitut AATLA (Animal Assisted Therapy with Llamas and Alpacas) teil.

Heute leben auf meinem Hof Lamas, Alpakas, Hunde und Katzen. Meine Kameliden setze ich seit 2007 als Begleittiere in der Pädagogik ein und habe eine Vielfalt von Lernchancen entdeckt, die durch das besondere Wesen dieser Tierart möglich werden.

Dieses Buch soll dazu beitragen, dass die tierbegleitete pädagogische und therapeutische Arbeit mit Lamas und Alpakas bekannter wird. Außerdem möchte ich die literarische Lücke in diesem Bereich schließen, damit jedem ein informativer und detaillierter Blick auf dieses Arbeitsfeld möglich ist. Auch wenn dieses Buch einen genauen Einblick in die praktische Arbeit mit diesen Tieren gewährt, ersetzt es nicht die Notwendigkeit der praktischen Ausbildung für diejenigen, die tiergestützt mit Menschen und Kameliden arbeiten wollen.

Anmerkung: Damit ein ungestörter Lesefluss gewährleistet ist, verzichte ich auf umständliche Schreibweisen wie Pädagogen und Pädagoginnen oder Züchter/innen, Klient/in. Da ich aus Sicht einer Pädagogin schreibe und es eine höhere Zahl weiblicher Personen in diesem Berufsstand gibt, habe ich für das pädagogische Berufsfeld die weibliche Form gewählt. Natürlich sind damit auch alle männlichen Vertreter pädagogisch oder therapeutisch ausgerichteter Berufe gemeint. Für andere Personengruppen verwende ich stellvertretend die männliche Form. Auch hier sind selbstverständlich alle weiblichen Personen ebenfalls angesprochen.

Klötze/Quarnebeck, im Februar 2019
Cosima Boyle

1 Grundlagen der tiergestützten Arbeit mit Lamas und Alpakas

Angebote mit Tieren in den Bereichen Freizeit, Pädagogik und Therapie erfreuen sich zunehmender Beliebtheit. Es gibt vielfältige Maßnahmen, bei denen Hunde und Pferde als Begleittiere eingesetzt werden. Immer häufiger sind es auch Lamas und Alpakas, die sowohl für freizeitorientierte Angebote als auch für pädagogische und therapeutische Ziele eingesetzt werden.

In diesem Kapitel soll der Blick auf die Grundlagen der Mensch-Tier-Beziehung beantworten, warum der Einsatz von Tieren grundsätzlich hilfreich und förderlich ist.

Im Anschluss werden die üblichen Angebotsformen der tiergestützten Arbeit mit Lamas und Alpakas vorgestellt.

1.1 Grundlagen der Mensch-Tier-Beziehung

Tiere befriedigen immaterielle Bedürfnisse, die in unserer zunehmend technisierten Lebenswelt und einer Gesellschaft, in der Bindungen unverbindlicher werden, oft unberücksichtigt bleiben. Menschliche Bedürfnisse, die innerhalb der Mensch-Tier-Beziehung ausgelebt werden, können sein:

- Gebraucht-Werden/für jemanden da sein
- Erfahren einer stabilen Bindung/verlässlicher Treue
- Erleben von erwartungsloser Zuneigung/bedingungsloser Akzeptanz
- Spüren von Schutz, Sicherheit und Geborgenheit
- Besitzen eines Partners und Gefährten
- Verstanden-Werden, ohne sich erklären zu müssen

- Erhalten von Anerkennung (das Tier als Prestigeobjekt, Statussymbol und Aufwertung der eigenen Person)
- Erleben von Natürlichkeit in einer technisierten Welt
- Wahrnehmen von Ästhetik und Schönheit

Durch diese Aufzählung wird deutlich, dass Tiere unsere Gefühlswelt maßgeblich beeinflussen können. Zumindest höhere Säugetiere verfügen über eine, dem Menschen ähnliche, Affektskala. Sie zeigen ebenso Freude, Erregung, Zärtlichkeit, Anteilnahme, Übermut, Erwartung, Langeweile, Trauer, Angst usw. wie der Mensch. Diese Verhaltensweisen verleiten leicht zur Vermenschlichung von Tieren (Anthropomorphismus). Jedoch bleibt, so Greiffenhagen, die Beziehung zwischen Mensch und Tier immer ungleich, da der Mensch im Gegensatz zum Tier ein „Ich" hat und sich dessen immer bewusst ist (Greiffenhagen/Buck-Werner 2009).

Biophilie

Der Psychologe Erhard Olbrich (2003), der als einer der Gründerväter der Mensch-Tier-Forschung in Deutschland gilt, zieht die Biophilie als Erklärung für die positiven Wirkungen, die Tiere auf Menschen haben, heran. Kellert (Olbrich 2003) beschreibt die Biophilie als eine physische, emotionale und kognitive Hinwendung zum Leben und zur Natur. Sie sei von fundamentaler Bedeutung für die Entwicklung der Person. Der Mensch hat sich über Jahrtausende hin für ein Leben in und mit der Natur entwickelt. Die menschlichen Sinne, Wahrnehmungsleistungen und Bedürfnisse sind auf dieses natürliche Leben abgestimmt. Eine Entwicklung, die ausschließlich innerhalb virtueller Welten und im hoch technisierten Umfeld stattfindet, kann folglich nicht zur vollen Entfaltung der Persönlichkeit führen (Olbrich 2003). Auch Greiffenhagen sieht die Biophilie als Motivation an, sich mit Tieren zu beschäftigen und sie verstehen zu wollen (Greiffenhagen/Buck-Werner 2009).

Die Begegnung mit Lamas und Alpakas findet vorwiegend im Freien statt. So wirken die entwicklungsfördernden Aspekte des Aufenthaltes in der Natur von selbst während des Tierkontaktes. Das Erleben von Natürlichkeit sowie die ästhetische Erscheinung der Lamas und Alpakas tragen während und nach Interventionen mit diesen Tieren zum Aufbau einer positiven Grundhaltung der Klienten bei.

Kommunikation zwischen Mensch und Tier

Da Mensch und Tier sehr unterschiedlich in ihrer Art zu kommunizieren sind und sich dennoch verstehen können, muss ein gegenseitiges Voneinander-Lernen stattfinden und stattgefunden haben. Auch menschliche Sozialpartner müssen sich aufeinander abstimmen, damit ein harmonisches Zusammenleben möglich ist. Obwohl Menschen eine gemeinsame Sprache sprechen und sich folglich viel besser verstehen als Mensch und Tier, ist die Kommunikation über Gefühle oft unklar. Hier stößt die gesprochene menschliche Sprache häufig an Grenzen oder führt zu Missverständnissen und Verwirrungen. Höflichkeitsregeln, Schamgefühle, Angst vor Ablehnung oder davor, Gefühle zu verletzen usw. beeinflussen das, was wir sagen, in hohem Maße, sodass unsere wahre Meinung oft nicht mit dem Gesagten übereinstimmt. Durch nonverbale Anteile der Nachricht wird die wahre Meinung mittransportiert, die sich nie gänzlich verbergen lässt. Je größer die Diskrepanz innerhalb der Botschaft ist, desto unehrlicher wirkt sie und ruft beim Empfänger Gefühle der Verwirrtheit, Unsicherheit und Verärgerung hervor. Diese Unstimmigkeit (Inkongruenz) gibt es innerhalb von Mensch-Tier-Beziehungen nicht. Auch die kraftraubenden Anstrengungen der Selbstdarstellung und Selbstverbergung (Schulz v. Thun 2006) fallen bei der Interaktion mit Tieren weg. Beim Kommunikationspartner Tier braucht der Mensch nicht zu befürchten, dass er bewussten Manipulationen ausgesetzt ist, denn Tiere sind nicht berechnend und zeigen uns Menschen immer direkt und deutlich, was sie wollen.

Typisch für Lamas und Alpakas ist es z. B., durch Vergrößern und Verkleinern der Distanz, also durch direkt verständliche Verhaltensäußerungen, zu kommunizieren. Bei genauerer Beobachtung des Tieres erschließt sich auch meistens, aus welchem Motiv heraus (z. B. Misstrauen, Neugierde, Ablenkung durch andere Tiere, Hunger) es sich entfernt oder nähert. Durch freundliche Annäherung zeigen Lamas und Alpakas deutlich, dass sie an einem Menschen interessiert sind und ihn akzeptieren. Das Gefühl von Zuneigung wird auch dann sichtbar, wenn sich die Lamas mit ihren langen Hälsen zum Menschen hinneigen. Die großen Augen und Ohren der Tiere scheinen ständig auf Empfang zu sein, um alle Kommunikationssignale zu erfassen. Dieser Ausdruck von Aufmerksamkeit, gepaart mit dem friedlichen, kuscheligen Erscheinungsbild und der vorwiegend sanften Art der Annäherung, macht die Lamas und Alpakas zum idealen tierischen Kommunikationspartner im Hinblick auf pädagogische und therapeutische Ziele.

Abb. 1: Zuneigung im doppelten Sinn

Besonders Kindern, die noch über wenig Sprachgewandtheit verfügen, kommt die analoge Verständigung entgegen, außerdem entspricht sie dem entwicklungsbedingten Bedürfnis nach spontanem Gefühlsausdruck. Sie fühlen sich als Interaktionspartner weniger unterlegen, ebenso wie Erwachsene, die in ihren Sprach- und Sprechfähigkeiten eingeschränkt sind.

Die Mensch-Tier-Kommunikation kann aus akustischen (Rufen, Bellen, Wiehern), taktilen (Streicheln), visuellen (Körperhaltung, Gesten) oder olfaktorischen (den Geruch betreffend, Schnuppern) Anteilen bestehen.

Im professionellen Einsatz von Tieren lässt der Erfolg des Mensch-Tier-Dialoges Rückschlüsse auf die Qualität des Angebots zu. Eine Anbieterin tiergestützter Pädagogik, die die Stressreaktionen eines Lamas nicht berücksichtigt, erkennt sie entweder nicht oder ignoriert sie bewusst. Beide Verhaltensweisen stellen die Qualität des Angebots infrage.

Wirkungen von Tieren auf Menschen

Aus Sicht von Wissenschaft und Forschung gibt es verschiedene Untersuchungen bezüglich der Wirkung von Tieren auf Menschen. Die Wirksamkeit tiergestützter Interventionen nachzuweisen ist schwierig, da das Tier immer nur Teil eines therapeutischen Gesamtkonzeptes ist und systemische Wechselwirkungen physiologischer, psychischer und sozialer Art vorliegen, die einen Prozess bedingen. Einfache Ursache-Wirkungs-Zusammenhänge, wie z. B. bei medikamentösen Therapien, liegen hier nicht vor.

Messbare Daten, wie Körpertemperatur, Blutdruck, Puls, Hormonspiegel oder Blutzuckerwerte sind jedoch geeignet, um wissenschaftlich anerkannte Studien zu liefern. So wurde bei Versuchspersonen festgestellt, dass sich das Streicheln eines Tieres blutdrucksenkend auswirkt (Greiffenhagen/Buck-Werner 2009). Außerdem werden biochemische Veränderungen und neuroendokrine Wirkungen, wie Schmerzverringerung, Beruhigung und euphorisierende Effekte, durch Freisetzung von Beta-Endorphinen ausgelöst, was sich stabilisierend auf das Immunsystem auswirkt. Diese Effekte werden bei Interaktionen mit Tieren durch Spielen und Lachen hervorgerufen (Otterstedt 2003).

In diesem Zusammenhang eignen sich Lamas nicht als Spielpartner im klassischen Sinne, da sie keinen Spieltrieb haben, wie z. B. Hunde. Durch die Interaktion mit ihnen entstehen aber zahlreiche Situationen, die Fröhlichkeit und Lachen bedingen. So ist z. B. immer wieder zu beobachten, dass es für Kinder und Erwachsene ein großes Vergnügen ist, mit den Lamas ein Stück schnell zu laufen. Zwar ist es nicht leicht, Lamas und Alpakas unterwegs zum Laufen zu animieren – aber wenn es gelingt, ist es immer ein Highlight, das allen Spaß macht. Die Eigenheit, dass den Lamas oft ein langer Halm Gras oder Heu aus dem Maul hängt, sorgt ebenfalls häufig für Heiterkeit.

Im Allgemeinen tragen Tiere auch zu einer Verbesserung des Gesundheitsverhaltens bei, indem sie zur Einhaltung einer Tagesstruktur und Bewegung auffordern, was oft mit einer Reduzierung von Übergewicht, Alkohol- und Nikotinkonsum einhergeht. Die Versorgung und der Umgang mit Tieren bringen viele Lernchancen und kognitive Anregungen mit sich. Die Anwesenheit von Tieren wirkt Stress entgegen und vermittelt Ruhe und Entspannung (Greiffenhagen/Buck-Werner 2009). Hier sind Lamas und Alpakas mit ihrer Gelassenheit und der ausgleichenden Wesensart besonders wirkungsvoll. Dieser Effekt unterstützt auch soziale Situationen, in denen Tiere als Katalysatoren Kontakte zu anderen Menschen ermöglichen.

Greiffenhagen führt eine Studie an, die belegt, dass Menschen, die sich in Begleitung eines Tieres befinden, sympathischer, interessanter und attraktiver auf andere Menschen wirken (Greiffenhagen/Buck-Werner 2009).

Tiere als Entwicklungsbegleiter

Tiere stehen Kindern in vieler Hinsicht nahe. Bergler weist darauf hin, dass Tiere viel mehr für Kinder bedeuten, als Erwachsene sich vorstellen könnten (Bergler nach Prothmann 2008). Tiere sind in ganz anderem Umfang für Kinder da als Eltern oder andere Erwachsene es sein können:

- Das Tier ist da, wenn das Kind Sorgen hat und Trost braucht.
- Das Tier schickt das Kind nicht weg, weil es gerade keine Zeit hat.
- Das Tier ist ein geduldiger, zuverlässiger und verschwiegener Zuhörer.
- Das Tier widerspricht nicht, schimpft nicht, will nicht erziehen.
- Das Tier stellt keine Fragen und Bedingungen.

Tiere helfen Kindern nicht nur, ihre eigenen Gefühle zu verarbeiten, sondern tragen auch zur Empathiefähigkeit und Empathiebereitschaft des Kindes bei. Studien belegen, dass bei Kindern, die mit Tieren aufgewachsen sind, das Einfühlungsvermögen, Mitgefühl und Verantwortungsbewusstsein besser entwickelt ist als bei Kindern, die ohne Tiere aufwachsen (Otterstedt 2001).

Mit der weiteren Ausdifferenzierung seines Denkens gelingt es dem Kind im Laufe des Vorschulalters immer mehr, Wissen über das Tier zu erlangen und das Wesen und die Eigenschaften des tierischen Gefährten realistischer einzuschätzen. Mit zunehmendem Alter wird das Kind auch immer kompetenter in seinen Fähigkeiten, zu erkennen und zu verstehen, welche Bedürfnisse das Tier hat und was nötig ist, um sie zu erfüllen. Das Kind lernt, sein Verhalten auf das Tier auszurichten und sich nicht ausschließlich auf die eigene Bedürfnisbefriedigung zu konzentrieren. Nun ist es auch möglich, dass durch das Tier dem kindlichen Bedürfnis, für etwas zu sorgen und verantwortlich zu sein, nachgekommen werden kann. Um das eigene Tier pflegen zu können, erwirbt das Kind selbstgesteuert Fachwissen und Fähigkeiten, damit es seine Aufgabe verantwortungsvoll erfüllen kann. Ein Tier weitgehend selbst versorgen zu können, vermittelt Kindern Sicherheit und Selbstvertrauen.

Abb. 2: Der kompetente Umgang mit Tieren vermittelt Selbstvertrauen

Den Anforderungen für die Versorgung von Alpakas oder Lamas sind Kinder ab dem Grundschulalter – mit entsprechender Anleitung und Unterstützung durch Erwachsene – gewachsen. Lamas und Alpakas, die im Kontext einer stationären Einrichtung für Kinder und Jugendliche (psychiatrische Klinik, Wohngruppe) oder einer Schule gehalten werden, können für die jungen Menschen einen nachhaltigen Beitrag zum Aufbau von Selbstbewusstsein, angemessenem Sozialverhalten und praktischen Kompetenzen leisten. Der Stall oder die Weide kann dann Schutzraum und Rückzugsort werden, wenn das Kind Erholung vom Schulalltag oder einem konfliktreichen Familienleben braucht. Besonders, wenn das Schulkind Leistungsdruck und Misserfolge zu verkraften hat, kann ein Tier das seelische Befinden stabilisieren, denn es erwartet keine guten Noten und zeigt bedingungslose Akzeptanz.

Tiere unterstützen aber nicht nur die seelische Gesundheit der Schulkinder, sondern auch die körperliche, wie eine Studie zum Zusammenhang zwischen Kindergesundheit und Tierhaltung zeigt. Außerdem versäumten Kinder mit Haustieren bis zu 18 Tage weniger den Schulunterricht, als Kinder, die kein Tier hatten (Greiffenhagen/Buck-Werner 2009).

Hat sich der kindliche Organismus mit Schule, Versagensängsten und Leistungsdruck mehr oder weniger arrangiert, steht die nächste große Anpassungs- und Entwicklungsaufgabe bevor: die Pubertät. Die Jugendlichen müssen gleichzeitig sich selbst und ihren Platz in der Gesellschaft finden. Auf der einen Seite steht also ein Individuationsprozess und auf der anderen Seite ein Anpassungsprozess an. Diese Entwicklungsaufgabe geht oft mit großen Spannungen einher, zumal zusätzlich körperliche Veränderungen verkraftet werden müssen.

Gefühlsschwankungen, Ängste, Unsicherheiten und Hilflosigkeit brechen in dieser Zeit über viele Teenager herein. Da von den jungen Menschen auch die emotionale Unabhängigkeit von den Eltern als Entwicklungsaufgabe angestrebt und bewältigt werden muss, ist auch in dieser Phase das Tier ein Weggefährte, der Zuflucht und Trost bietet. Alles verändert sich, nur die Beziehung zum Tier bleibt als stabile Konstante vorhanden und gibt Halt.

Die Erfahrung zeigt, dass Lamas und Alpakas auch für Jugendliche attraktiv sind, die zunächst auf alle Hilfsangebote ablehnend reagieren. Für die Jugendlichen sind Lamas Partner oder sogar Kumpel auf Augenhöhe, die sie meistens „ziemlich cool" finden. Junge Menschen, die Probleme haben ihr Äußeres zu akzeptieren, genießen die Attraktivität, die sie durch die Begleitung des Lamas gewinnen. So lassen sie sich z. B. mit dem Tier fotografieren oder gehen in die Öffentlichkeit, was sie ohne Lama vermieden hätten.

Besonders Kinder und Jugendliche, die von Entwicklungsrisiken wie Vernachlässigung, Gewalt, Überbehütung, Einsamkeit, Elternkonflikten usw. betroffen sind, profitieren vom Zusammensein mit Tieren. Prothmann (2008) beschreibt eine Untersuchung Barkers, die mit Erwachsenen, die in ihrer Kindheit sexuell missbraucht worden sind, durchgeführt wurde. Barker habe festgestellt, dass während der Zeit des Missbrauchs die intensive emotionale Verbundenheit zu einem Haustier dazu führte, dass diese Personen wesentlich weniger unter den negativen Spätfolgen des Missbrauchs litten, als diejenigen, die kein Haustier besaßen (Prothmann 2008).

1.2 Tiergestützte Angebote mit Lamas und Alpakas

Freizeitorientierte Angebote

Es gibt Aktivitäten mit Tieren, bei denen es sich um ein rein freizeitlich orientiertes Angebot handelt. Hierzu gehören in Bezug auf Lamas und Alpakas z. B. Lamawanderungen, der Besuch einer Schulklasse auf dem Lamahof oder ein Kindergeburtstag mit Lamaspaziergang und Picknick. Diese Aktivitäten sind darauf ausgerichtet, eine erlebnisreiche Zeit durch die Begleitung der Tiere zu ermöglichen und, falls es gewünscht wird, Wissenswertes über Lamas und Alpakas weiterzugeben. Ein konkretes Lernziel für die Teilnehmenden oder der Anspruch, Menschen in ihrer Entwicklung zu fördern, ist mit diesem Angebot in der Regel nicht verknüpft. Darum ist auch keine pädagogische oder therapeutische Ausbildung für die Anbieter dieser Aktivitäten erforderlich. Häufig sind es Züchter oder Halter größerer Herden, bei denen dieses Freizeitangebot gebucht werden kann.

Tiergestützte Angebote

Der Begriff „tiergestützt" sollte erst dann genutzt werden, wenn mit dem Angebot die konkrete Absicht verbunden ist, das Wohlergehen der Klienten zu steigern. In der tiergestützten Arbeit werden im Wesentlichen drei Angebotsbereiche unterschieden:

1. Tiergestützte Aktivitäten (TGA): Der IAHAIO (International Association of Human-Animal Interaction Organizations) entsprechend wird als Mindestanforderung für die Ausführung tiergestützter Aktivitäten vorausgesetzt, dass die ausführende Person ein einführendes Training, eine Vorbereitung und eine Beurteilung für den tiergestützten Einsatz erhalten hat. Außerdem muss die durchführende Person über adäquate Kenntnisse bezüglich des Verhaltens, der Bedürfnisse, der Gesundheit sowie der Stressindikatoren der beteiligten Tiere verfügen. Dies sind häufig Personen, die ehrenamtlich, vorwiegend mit Hunden, soziale Einrichtungen besuchen (IAHAIO 2014).

Der Besuch sozialer Einrichtungen ist mit Lamas und Alpakas wesentlich aufwändiger, da der Transport der Tiere und die Bedingungen vor Ort den Ansprüchen mittelgroßer Weidetiere gerecht werden müssen. Die Tiere selbst werden in diesem Fall auch mit einem höheren Stresspotential konfrontiert, denn der Transport und die unbekannten Bedingungen des neuen Ortes sind, zusätzlich zur Arbeit als Begleittier, eine Belastung. Ein großer Teil der tiergestützten Aktivitäten ist aus diesem Grunde so angelegt, dass die Teilnehmer zu den Tieren kommen. Die Anbieter der tiergestützten Aktivitäten sind häufig Lama- und Alpakahalter oder Züchter, die über eine Zusatzausbildung im Bereich tiergestützte Aktivitäten verfügen.

Das Klientel deckt sich zum Teil mit dem der Freizeitorientierung, besteht aber auch aus Gruppen oder Einzelpersonen mit mehr oder weniger konkretem Förderanspruch.

2. Tiergestützte Pädagogik (TGP): Hier sind Angebote gemeint, die das konkrete Ziel verfolgen, Menschen in ihrer Entwicklung zu fördern. Die Ziele können im sozio-emotionalen Bereich liegen (z. B. im Zusammenhang mit der Kinder- und Jugendhilfe), aber auch die Verbesserung körperlicher sowie geistiger Fähigkeiten betreffen (z. B. im Kontext der Arbeit mit Senioren oder Menschen, die von Behinderungen betroffen sind).

Die anbietenden Personen verfügen über eine Ausbildung im pädagogischen Bereich oder/und über eine Ausbildung für tiergestützte pädagogische oder/und therapeutische Interventionen. Die Zugänge zur entsprechenden Fachlichkeit sind vielfältig und können individuell gestaltet werden.

Der Einsatz von Lamas und Alpakas kann in fast allen Bereichen der Pädagogik und Sozialen Arbeit stattfinden: Im schulischen Kontext, in der stationären und ambulanten Kinder- und Jugendhilfe, in der Elementarpädagogik, in der Betreuung von Senioren und Menschen mit körperlichen oder kognitiven Beeinträchtigungen, in Suchtkliniken, Gefängnissen usw. Dort, wo mit dem Einsatz von Tieren pädagogische Zielsetzungen verfolgt werden, handelt es sich im Allgemeinen um tiergestützte Pädagogik.

Eine pädagogische Intervention umfasst die Planung, Durchführung und Nachbereitung (Dokumentation, Reflexion und Auswertung) der Maßnahme. Meistens finden mehrere oder regelmäßige Termine statt. Die tiergestützte Pädagogik wird auch therapieunterstützend oder -ergänzend genutzt.

Der IAHAIO entsprechend weist die tiergestützte Pädagogik folgende Merkmale auf: Für das Angebot ist eine Person mit pädagogischer Ausbildung, Fachwissen über die betreffende Tierart und Kenntnissen bezüglich der beteiligten Tiere verantwortlich. Das Angebot ist eine zielorientierte, geplante und strukturierte Intervention, die in bestimmten Fällen auch eine therapeutische oder lehrende Funktion haben kann (www.iahaio.org/wp/wp-content/uploads/2017/05/iahaio-white-paper-2014-german.pdf, 17.02.2019).

3. Tiergestützte Therapie (TGT): Hier wird ebenfalls konkret das Ziel verfolgt, Menschen zu fördern. Im Unterschied zur Pädagogik geht es hier um therapeutische Zielsetzungen, die mit Hilfe der tierischen Begleitung verfolgt werden. Den Klienten im therapeutischen Zusammenhang wurden eine oder mehrere Diagnosen zugewiesen, die meistens im Zusammenhang mit der therapeutischen Zielsetzung stehen. Die tiergestützte Therapie mit Lamas und Alpakas wird häufig von Therapeutinnen verschiedener Fachrichtungen angeboten, die Methoden und Maßnahmen entwickelt haben, die speziell auf ihr Klientel zugeschnitten sind.

Gemäß IAHAIO wird tiergestützte Therapie von Therapeutinnen einer bestimmten Fachrichtung (z. B. Ergotherapie, Sprachtherapie, Familientherapie, Psychotherapie) ausgeführt oder zumindest angeleitet. Die Interventionen werden geplant, professionell dokumentiert, reflektiert und ausgewertet (IAHAIO 2014).

Weiterbildung und Ausbildung für die genannten tiergestützten Angebotsformen mit dem Schwerpunkt Lamas und Alpakas werden beim Ausbildungsinstitut AATLA (www.aatla.de) angeboten.

TIPP

Wichtig ist, dass für tiergestützte Angebote immer ***geeignete Lamas oder Alpakas*** *ausgesucht werden. Das kann, je nach Zielsetzung der Intervention, z. B. ein Tier mit besonderer Stresstoleranz, einer speziellen Eigenschaft oder einem bestimmten Trainingsstand sein. Um die Tiere sicher einschätzen zu können, ist es erforderlich, dass man schon viele Situationen mit ihnen erlebt hat. Meistens bedeutet dies, dass man sie schon ein bis zwei Jahre kennt, bevor man sie einsetzen kann.*

„Tiergestützt" oder besser „tierbegleitet"? Für die o. g. Angebotsformen hat sich der Begriff „tiergestützt" bereits etabliert. Das Wort „tiergestützt" erweckt den Anschein, als habe das Tier die tragende Rolle für das Angebot. Als Pädagogin stütze ich mich aber in erster Linie auf meine Fähigkeiten, mein Wissen und meine Erfahrung, niemals auf das Tier. Ob eine Intervention für die Beteiligten förderlich und hilfreich ist, hängt von der verantwortlichen Person ab, nicht von dem Lama oder Alpaka, das von ebendieser Person ausgewählt wurde.

Da der Begriff „tiergestützt" aus den genannten Gründen irreführend sein und falsche Erwartungen wecken könnte, bevorzuge ich im Folgenden die Verwendung des Begriffes „tierbegleitet".

Da meine eigenen Erfahrungen im Zusammenhang mit der tierbegleiteten Pädagogik und Therapie schwerpunktmäßig aus dem Bereich der Kinder- und Jugendhilfe stammen, bezieht sich dieses Buch auf die pädagogische Arbeit mit Kindern, Jugendlichen und Familien. Das Angebot auf meinem Hof betrifft konkret die tierbegleitete Pädagogik mit Lamas und Alpakas.

2 Basiswissen über Lamas und Alpakas

Seit Jahrtausenden werden Lamas als Begleittier und Lastenträger sowie als Woll- und Fleischlieferant gezüchtet. Sie sind dafür prädestiniert, den Platz an der Seite von Menschen, die eine Wegstrecke zu bewältigen haben, einzunehmen.

Obwohl Lamas und Alpakas seit den 1990er Jahren vermehrt Liebhaber im deutschsprachigen Raum finden, sieht man sie selten, was ihr exotisches Erscheinungsbild unterstreicht.

Lamas und Alpakas gehören aus zoologischer Sicht zur Familie der **Kameliden**. Zu den Kameliden gehört die Gattung Kamele, zu der z. B. die einhöckrigen Dromedare und die zweihöckrigen Trampeltiere zählen. Da Kamele ursprünglich aus Asien stammen, werden sie auch als Altweltkameliden bezeichnet. Die aus Südamerika stammende Gattung Lamas (zu der auch die Alpakas gehören) nennt man ihrem Herkunftsland entsprechend auch Neuweltkameliden (Rappersberger 2000).

2.1 Abstammung, Kultur und Zucht

Herkunft

Die Heimat der Lamas und Alpakas ist die Andenregion Südamerikas. In unseren Breitengraden gelten die Tiere als Exoten, oft wird sogar angenommen, es seien Wildtiere. Doch die intensive Beziehung dieser Tiere zum Menschen wird durch den geschichtlichen und kulturellen Hintergrund deutlich.

Man nimmt an, dass die selektive Züchtung, um die Lamas als Lasttiere und die Alpakas als Wolllieferanten zu nutzen zwischen 5.500 und 3.500 v.

Chr. begann. Dies konnte durch den deutlichen Anstieg von Kamelidenüberresten und den Fund des für die Alpakas typischen Zahntyps in der fossilen Gesamtfauna nachgewiesen werden (Gauly 2002). Somit ist davon auszugehen, dass der Domestikationsprozess, der aus den Wildformen Vikunja und Guanako zu den heutigen Lamas und Alpakas führte, vor ungefähr 7.000 Jahren begonnen hat. Damit zählen diese beiden Arten der domestizierten Kameliden zu den ältesten Haustierrassen überhaupt. Die Domestikation des Pferdes setzte, im Vergleich dazu, ca. 1.000 Jahre später ein (Meyers Lexikon 2003).

In den kargen Andenregionen liefert das Lama eine sichere Existenzgrundlage für die Bewohner. Es wird als Transportmittel beim Handel und Warentausch genutzt und es versorgt die Menschen mit Wolle, Leder und Nahrungsmitteln. Sogar der Lamadung kann genutzt werden, da er sich als Brennmaterial oder Dünger eignet.

Das Lama wird seit Hunderten von Jahren gezielt gezüchtet, um als robuster, großrahmiger (von großem, kräftigen Körperbau) und williger Begleiter des Menschen Lasten zu tragen, während die kleineren Alpakas der Wollproduktion dienen und in großen Herden gehalten werden, die man einmal jährlich zusammentreibt, damit die einzelnen Tiere eingefangen und geschoren werden können.

Lamaherden von bis zu 1.000 Tieren transportierten früher Gletschereis ins Tal, Salz vom Meer in die Berge, Erz aus den Minen zu den Verarbeitungsstätten, Kartoffeln von hochgelegenen Anbaugebieten in die tiefer gelegenen Siedlungsgebiete und Mais von den tiefer liegenden Kultivierungsregionen in die höheren Lagen. Nach einem halben Tag Gehzeit wurde damals die Last von einem Teil der Herde auf den anderen umgeladen. Der den Alt- und Neuweltkameliden eigene Passgang (beide Beine einer Körperhälfte machen gleichzeitig einen Schritt) ist weniger anstrengend als andere Gangarten, sodass Kameliden sehr große Distanzen Kraft sparend zurücklegen können (Rappersberger 2000).

Mit Ankunft der spanischen Eroberer ging der Lama- und Alpakabestand in Südamerika drastisch zurück. In dieser Zeit ist nicht nur der größte Teil der Zuchtpopulation der beiden Arten verlorengegangen, so Gauly (2002), sondern auch das Wissen um Zuchtstrategien und Organisation der Tierhaltung. Für diese Dezimierung seien vor allen Dingen eingeschleppte Krankheiten und die Verdrängung durch von den Spaniern importierte Haustiere wie Schafe, Esel und Pferde, verantwortlich (Gauly 2002). Ende des letzten Jahrhunderts schätzte man die Zahl der Lamas in Südamerika auf 3,7 Millionen Tiere (Rappersberger 2000).

Rassen im Überblick

Von den, zu Inkazeiten existierenden, vier Lamarassen unterscheidet man heute vor allem noch zwei Typen: die **Classic-Lamas** (Abb. 3) und die **Wooly-Lamas** (Abb. 4).

Da die Reinzucht spezieller Lasttiere an Bedeutung verlor, ist das leicht bewollte, großrahmige Gebrauchslama von den kleineren und stärker bewollten Typen verdrängt worden. Bei den Lamas kommen die Farben weiß, grau, braun und schwarz vor. Häufig treten gescheckte Tiere auf.

Classic-Lamas

- Die Körpergröße beträgt ein Stockmaß von 110–125 cm.
- Der Körperbau weist einen eher lang gezogenen Rücken auf.
- Das Zuchtziel betrifft den Transport von Lasten und die Fleischproduktion.
- Die Bewollung ist leicht.
- Die Schur kann alle zwei Jahre erfolgen.

Abb. 3: Classic-Lamastute „Luna"

Wooly-Lamas

- Die Körpergröße beträgt ein Stockmaß bis 110 cm.
- Der Körperbau ist eher kompakt.
- Das Zuchtziel betrifft die Wollproduktion.

- Die Bewollung ist stark.
- Die Schur sollte jährlich erfolgen.

Alpakas weisen eine Körpergröße von 80–100 cm auf. Bei Alpakas ist, im Gegensatz zum Lama, auch der Kopf behaart und nur das Gesicht frei von Wollhaaren, was bei der Schur oft zu lustigen ‚Haarfrisuren' führt. Bei den Alpakas gibt es hauptsächlich zwei Rassen, die sich vor allem durch die Wolleigenschaften unterscheiden: die **Huacaya-Alpakas** (Abb. 5) und die **Suri-Alpakas** (Abb. 6).

Kreuzungen zwischen Lama und Alpaka werden „**Huariza**" genannt und haben ein Stockmaß von ungefähr 100 cm. Ihre äußere Erscheinung vermittelt oft den Eindruck von Kurzbeinigkeit.

Lamas und Alpakas in Mythen und Religion

Um die besondere Wesensart der Lamas und Alpakas darzustellen, ist es hilfreich zu betrachten, wie die Menschen in den Anden zu ihren Tieren stehen. Dies wird durch Mythen, Sagen und Geschichten nachvollziehbar.

Martina Wiede (2004, 2005) hat die Bedeutung, die die Lamas und Alpakas für die indigenen Völker in den Anden haben, anhand von Erzählungen und Geschichten recherchiert und in verschiedenen Ausgaben der Fachzeitschrift LAMAS veröffentlicht. Sie fand heraus, dass das Lama und das Alpaka für die Bewohner der Anden weit mehr ist, als nur ein Nutztier. Die Mythen um diese Spezies spiegeln die Beziehung zwischen Mensch und Tier wider, eine Beziehung zwischen gleichgestellten, von-

Abb. 4: Wooly-Lamastute „Chelsea"

Abb. 5: Huacaya-Alpaka „Colorado"

Abb. 6: Suri-Alpakahengst „Marley"

einander abhängigen Lebewesen. Mythen über den Ursprung der Lamas und Alpakas handeln oft davon, dass die Tiere aus Quellen oder Teichen auftauchen, in die sie auch wieder verschwinden, wenn sie nicht gut behandelt werden (Wiede 2005).

Nach Ansicht der Menschen in den Anden ist die Gottheit „Pachamama" die Mutter aller Lebewesen und die eigentliche Besitzerin der Lamas und Alpakas. Sie überlässt den Menschen die Tiere nur als Leihgabe und sind diese nicht gut zu ihnen, fordert „Pachamama" sie zurück. Auch verstorbene Tiere würden zu „Pachamama" zurückkehren (Wiede 2004a).

Aus religiöser Sicht wurden vor allem weiße Lamas verehrt, die bei zeremoniellen Riten als Opfer dienten. Die Inkas sahen in den weißen Lamas die direkten Nachkommen von „Napa", dem ersten Lebewesen, das, dem Glauben der Inka entsprechend, nach der Sintflut auf die Erde zurückgekehrt war. Die schneeweißen „Napas" symbolisieren die Sonne und ihren Sohn. Aus diesem Grunde wurden die Tiere mit goldenen Ohrringen geschmückt.

Die Colla, ein indigenes Andenvolk, glaubten, dass sich im Himmel ein weißes Lama aufhielte und sich ihrem Stamm gegenüber besonders großzügig erweise. Die Colla waren der Meinung, das Himmelslama habe ihnen mehr Tiere überlassen, als anderen Stämmen. Aus Dankbarkeit wurden weiße Lamas gern gesehen.

Zur Krankenheilung opferte man für Kinder weiße Lamas, für Erwachsene braune oder schwarze Tiere und zur Behandlung von Ohrkrankheiten war es üblich, sich schwarze Wolle ins Ohr zu stopfen (Wiede 2004b).

Auf sogenannten Zaubermärkten in den Anden kann man noch heute getrocknete Lamaföten kaufen, die, in das Fundament eines Hauses eingemauert, den Bewohnern fortwährendes Glück verheißen.

2.2 Haltungsbedingungen

In ihrem Herkunftsland Südamerika ziehen die Lamas oder Alpakas im Herdenverband frei über die Hochebene der Anden. Die einzelnen Tiere sind gekennzeichnet und werden bei Bedarf (z.B. zur Schur) von den Andenbauern zusammengetrieben und eingefangen. Außerdem ist die Haltung in Pferchen zu beobachten.

Stall und Weide

Als Mindestgröße für artgerechte Neuweltkamelidenhaltung wird in deutschen Fachbüchern eine Weidefläche von 1.000 qm für zwei Tiere genannt, für jedes weitere Tier zusätzliche 100 qm. Außerdem benötigen Kameliden einen zugfreien Unterstand oder Stall, der eine Mindestgröße von 4 qm für zwei Tiere nicht unterschreiten sollte. Für jedes weitere Tier ist 1 qm hinzuzurechnen (Gauly 2002 und Rappersberger 2000).

Futter und Ernährung

Neuweltkameliden sind an das karge Nahrungsangebot des Altiplanos angepasst und somit sehr genügsam. Rappersberger vergleicht die benötigte Quantität und Qualität des Futterangebotes für ein Lama mit den Bedürfnissen eines großen Schafes (Rappersberger 2000).

Kameliden sind Weidetiere und somit auf Grünfutter und im Winter auf Heu angewiesen. Als Wiederkäuer benötigen sie Futter mit eher hohem Rohfaseranteil. Da die Nahrung von den Neuweltkameliden sehr effektiv ausgewertet wird, ist der Energiegehalt von Futterpflanzen unter mitteleuropäischen Verhältnissen normalerweise mehr als ausreichend. Besonders zu Beginn der Weidesaison ist das saftige Grünfutter sehr energiereich und eiweißhaltig. Damit zu jeder Zeit sichergestellt ist, dass die Tiere genug Rohfasern aufnehmen können, sollte das ganze Jahr über Heu angeboten werden. Eine zu hohe Aufnahme von Eiweiß kann Gelenkprobleme verursachen und eine zu geringe Aufnahme von Rohfasern führt zu Verdauungsstörungen.

Achtung! Neuweltkameliden können nicht verlässlich abschätzen, welche Pflanzen für sie giftig sind. Vor allem außerhalb der Weidesaison ist die Gefahr groß, dass sie scheinbar wahllos alles, was grün ist, gierig fressen. Die hochgiftige, immergrüne Eibe stellt deshalb im Winter eine besonders große Gefahr dar.

Um den Mineralstoff- und Spurenelementbedarf zu sichern, sollten den Tieren Lecksteine oder entsprechende Mineralstoffmischungen zur Verfügung stehen.

Wichtig ist, dass Küchenabfälle gar nicht verfüttert werden, da z. B. Kartoffelschalen oder Brotreste sehr stärkehaltig sind und das sensible Bakterienmilieu der Wiederkäuermägen aus dem Gleichgewicht bringen können. Auch zu große Mengen an Obst können zu Verdauungsproblemen führen.

Obst und ebenso Karotten dürfen nur in kleinen Mengen und dann „lamamaulgerecht" klein geschnitten verfüttert werden. An zu großen Stücken können Lamas und Alpakas sich verschlucken, da sie im Oberkiefer keine Schneidezähne, sondern eine Kauplatte haben. Das Kauen und Zerkleinern erledigen die Backenzähne. Tragen die Tiere zudem ein Halfter, ist es oft schwieriger für sie, etwas mit den Backenzähnen zu zerkleinern.

Pflege

Maßnahmen, die zum Wohle der Tiere regelmäßig durchgeführt werden müssen, sind das Scheren, das Nägel Schneiden und, mindestens zweimal jährlich die Entwurmung.

Dieser kurze Überblick soll lediglich zeigen, dass die Haltung von Kameliden grundsätzlich keine teuren und schwierigen Bedingungen mit sich bringt, besonders, wenn nur eine kleine Herde von vier bis fünf Tieren gehalten wird. Zur artgerechten Haltung der Tiere sind die vorangegangenen Informationen allerdings nicht ausreichend.

2.3 Wesen, Verhalten und Kommunikation

Eine weitere Voraussetzung der artgerechten Haltung ist die Kenntnis der arttypischen Verhaltensweisen. Besonders in der Handhabung (allgemeiner Umgang mit dem Tier, z. B. das Füßeheben zum Nägelkürzen, Halfteranlegen) und im Training (das Tier soll etwas lernen, wie z. B. durch einen Reifen gehen oder in einen Transporter einsteigen) der Tiere sollte man ihre besondere Wesensart beachten. Druck, Gewalt und ein unangemessenes Trainingspensum erzeugen bei Kameliden großen Widerwillen und fehlende Bereitschaft zur Kooperation.

Typische Verhaltensweisen

Neuweltkameliden sind Herdentiere und leben in stabilen Gruppen zusammen. Als Fluchttiere sind sie darauf angewiesen, ihre Umgebung aufmerksam zu beobachten und gegebenenfalls schnell flüchten zu können. Die großen Augen und Ohren ermöglichen eine gute visuelle und akustische Wahrnehmung.

Häufig ist synchrones Verhalten in einer Herde zu beobachten. D.h., die Tiere fressen zur gleichen Zeit, suchen nacheinander oder gleichzeitig den Kotplatz auf und ruhen gemeinsam, während sie wiederkäuen.

Fressen und Ruhen sind die Haupttätigkeiten der Lamas und Alpakas. Als Weidetiere nehmen sie die Nahrung im Gehen mit dem Kopf nach unten auf. Das Wiederkäuen findet vorwiegend im Liegen statt. Neuweltkameliden haben keinen festen Tag- und Nachtrhythmus. Sie ruhen stehend oder im Liegen (Wenz 2007).

Das Komfortverhalten (arttypisches Verhalten zur Körperpflege) der Neuweltkameliden beschränkt sich auf Scheuern und Wälzen, was der Fellpflege dient und bevorzugt auf sandigem Boden stattfindet. Gegenseitige Fellpflege, wie es z.B. bei Pferden zu beobachten ist, findet nicht statt. Damit fehlt eine genetische Voraussetzung, die als Basis dienen könnte, um Lamas und Alpakas an Streicheleinheiten zu gewöhnen. Eine weitere angeborene Voraussetzung, die Tiere Streicheleinheiten als angenehm empfinden lässt, ist der mütterliche Instinkt, das Neugeborene trocken zu lecken. Dieses Verhalten zeigen Neuweltkameliden ebenfalls nicht. Das Fell des neugeborenen Fohlens muss von alleine trocknen.

Aus diesen Tatsachen ergibt sich, dass **Lamas und Alpakas keine Streicheltiere sind,** wie oft falsch zu lesen ist. So schreibt Otterstedt: „Denn die Tiere sind sehr verschmust und genießen es, wenn der Mensch sie am Hals krault und streichelt oder auch den direkten Blickkontakt sucht." (Otterstedt 2001, 116). Solche Informationen wecken falsche Erwartungen und verursachen, dass Menschen sich Kameliden gegenüber respektlos verhalten, denn der direkte Blickkontakt kann von den Tieren auch als Bedrohung angesehen werden. Auch wenn sich ein an den Menschen gewöhntes Lama oder Alpaka anfassen und streicheln lässt, sollte genau beobachtet werden, inwieweit es dem Tier angenehm ist. Dies muss zum Wohl der Tiere, bei der pädagogischen und therapeutischen Arbeit, unbedingt beachtet werden.

Kameliden sind territoriale Tiere und bevorzugen angestammte Ruhe- und Fressplätze. Außerdem haben sie feste Kotplätze, was die Stallreinigung erleichtert und die Weide sauber hält. Dadurch kann man sich ungezwungener auf der Weide und im Paddock (kleiner, fest eingezäunter, Außenbereich, meist mit direktem Zugang zum Stall) bewegen.

Innerhalb des naturgegebenen Herdenverbandes, der einen Hengst als Leittier hat und ansonsten aus Stuten und Jungtieren besteht, wird eine Rangordnung hergestellt. Junghengste müssen im Alter von ca. einem Jahr die Herde verlassen und leben dann in Hengstgruppen. Sind keine Stuten in der Nähe, die die Hengste zu Kämpfen anregen, ist die Haltung einer Gruppe männlicher Tiere auch artgerecht (Gauly 2002).

Neben dem Dominanzverhalten zur Klärung der Rangordnung sind auch Spiel- und Sexualverhalten der Tiere zu beobachten.

Typisch für Neuweltkameliden ist die ausgeprägte Individualdistanz, die zwischen einem halben und drei Metern beträgt.

Eigenheiten der Kommunikation

In ihrer Kommunikation setzen Kameliden den ganzen Körper ein. Eine besondere Bedeutung kommt hierbei der Stellung der Ohren zu:

- Nach vorn gerichtete Ohren, mit leicht erhobenem, geraden oder leicht nach unten gerichteten Kopf, zeigen Neugierde und Aufmerksamkeit an.
- Gerade, nach oben gerichtete Ohren, zeigen Entspannung an.
- Nach hinten gerichtete Ohren zeigen Ablehnung und Aggressivität an.
- Angelegte Ohren mit hoch erhobenem Kopf und erhobenem Schwanz signalisieren Spuckbereitschaft.
  Das Spucken gilt fast immer Artgenossen. Tiere, die gezielt auf Menschen spucken, werden in den meisten Fällen gerade extrem bedrängt oder sind fehlgeprägt.

Bei der **Fehlprägung** handelt es sich um eine Verhaltensstörung, die aus zu engem Kontakt zum Menschen während der ersten zehn Lebensmonate (Prägephase) resultiert. Der Mensch wird dann vom Tier als der eigenen Art zugehörig empfunden und auch so behandelt. Bei geschlechtsreifen männlichen Tieren bedeutet das, dass der Mensch als Rivale oder deckfähige Stute angesehen wird. Solche Tiere stellen eine ernsthafte Gefahr dar und sollten getötet werden.

Auch die Stellung des Schwanzes gibt Auskunft über die Befindlichkeit des Lamas oder Alpakas:

- Ein locker nach unten hängender Schwanz zeigt Entspannung an.
- Ein leicht angehobener Schwanz lässt auf Neugierde und Aufmerksamkeit schließen.
- Ein hoch erhobener Schwanz signalisiert Aufregung und Aggression.
- Ist der Schwanz über den Rücken gebogen, zeigt das Tier Unterwürfigkeit gegenüber Artgenossen an (was vor allem bei Fohlen und Jungtieren zu beobachten ist).

Insgesamt ist das Ausdrucksverhalten der Neuweltkameliden sehr fein abgestimmt und subtil. Es sollte immer die Gesamtheit des Körperausdrucks beachtet werden sowie die Kommunikationsumstände. Sind mehrere Tiere in die Kommunikation eingebunden? Welches Geschlecht, welchen Rang haben sie? Handelt es sich um eine reine Mensch-Kameliden-Kommunikation oder sind andere Kameliden in der Nähe, mit denen das Tier zusätzlich kommuniziert? Ist es eine freie Begegnung oder eine Handlings- bzw. Trainingssituation? Manchmal wirkt schon allein das Ohrenspiel der Neuweltkameliden wie das Gestikulieren in der Gebärdensprache. Vielleicht ist die Kommunikation der Lamas und Alpakas noch viel detaillierter als allgemein angenommen wird.

Zusätzlich zur Körpersprache gibt es verschiedene Laute, die je nach Stimmung und Situation eingesetzt werden. Insgesamt sind Neuweltkameliden sehr stille, leise Tiere. Am häufigsten hört man das sogenannte Summen, das allgemein als Zeichen für Unwohlsein und der Suche nach Artgenossen gedeutet wird (Wenz 2007).

Laute, die Aggression ausdrücken und zur Distanzvergrößerung auffordern, sind Schnalzen, Schnorcheln, Brummen und Klacken. Diese Geräusche sind typisch für männliche Tiere, die einen Eindringling in ihr Territorium vertreiben wollen oder ihre Dominanz gegenüber einem anderen männlichen Tier demonstrieren. Besonders das Klacken ist immer mit der entsprechenden Körpersprache (Ohren zurück, Kopf und Schwanz erhoben, Zeigen der Breitseite, wenn möglich Aufsuchen eines erhöhten Ortes, Hügel o. Ä.) kombiniert. Auch Stuten, die sich einen aufdringlichen Hengst vom Leibe halten wollen oder Tiere, die ihren Futterplatz verteidigen, geben diese Laute von sich. Als Warnlaut bei drohender Gefahr kann man ein schrilles Wiehern hören. Dem Decklaut des Hengstes kommt die Beschreibung Gurgeln am nächsten.

Der überwiegende Teil der Kommunikation findet jedoch auf körpersprachlicher Ebene statt. Neuweltkameliden sind auf visuelle Signale spezialisiert und somit sehr versierte Beobachter. Manchmal sind nur minimale Veränderungen eines Körperteils von Bedeutung. Oft kommunizieren Lamas und Alpakas über größere Entfernungen hinweg und häufig sind mehrere Tiere gleichzeitig in den Kommunikationsvorgang eingebunden. Um die gesamte Kommunikationssituation wahrzunehmen und die verschiedenen optischen Signale, die Ohren, Körperhaltung und Schwanz bieten, zu interpretieren und beantworten zu können, muss die visuelle Wahrnehmungs- und Verarbeitungsleistung der Kameliden sehr effektiv sein. Womöglich sind sie uns Menschen in diesem Bereich weit überlegen, da wir in der zwischenmenschlichen (digitalen) Kommunikation in erster Linie die Worterkennung und -verarbeitung nutzen.

2.4 Die Zusammensetzung einer Herde für die tierbegleitete Arbeit

Grundsätzlich sind alle Lamas und Alpakas, die gesund und artgerecht aufgewachsen sind, für pädagogische Interventionen einsetzbar.

Ausgenommen sind hier in jedem Fall Tiere, bei denen eine Fehlprägung (Kap. 2.3) vorhanden ist oder vermutet wird.
Im günstigsten Fall (z. B. bei Stuten) agieren fehlgeprägte Tiere sehr aufdringlich und distanzlos, und somit gehen die Möglichkeiten, die die Wesensart der Kameliden normalerweise bietet, verloren.

Besonders scheue Tiere sollten nur in bestimmten Einzelfällen (Kap. 2.5, Der scheue Typ) in die pädagogische Arbeit miteinbezogen werden, da sie sonst einer zu großen Stressbelastung ausgesetzt werden könnten.

Neuweltkameliden unterscheiden sich charakterlich und äußerlich in vielerlei Hinsicht voneinander. Die kleineren Alpakas sehen oft wie kleine Kuschelbären aus, summen häufiger und länger als Lamas und werden insgesamt als weniger kooperativ bezeichnet. Die Ursache hierfür könnte darin liegen, dass bei ihrer Zucht das Hauptaugenmerk auf die Wolleigenschaften gerichtet war und nicht, wie bei den Lamas, auf günstige Charaktereigenschaften für die zuverlässige Zusammenarbeit von Mensch und Tier.

Es ist vorteilhaft, Tiere mit unterschiedlichem Aussehen zu halten, denn manche Menschen werden von den großen stattlichen Lamas besonders angesprochen, während sich andere in die kleinen niedlichen Alpakas „verlieben". Weiße, wenig bewollte Tiere wirken anders als z. B. ein dunkelbraunes, stark bewolltes Tier. Sind große und kleine Tiere vorhanden, kann ein hochgewachsener Jugendlicher ebenso ein Tier finden, mit dem er auf Augenhöhe ist, wie eine Sechsjährige.

Wichtig ist auch, dass genügend Tiere vorhanden sind. Wenn täglich mit den Neuweltkameliden gearbeitet werden soll, sind zwei Lamas oder Alpakas zu wenig.

Bei drei Tieren würde eines allein zurückbleiben, wenn ein Spaziergang zu zweit geplant ist. Da sich Kameliden in Anwesenheit eines Artgenossen wesentlich sicherer und wohler fühlen, wird in der Regel mindestens mit zwei Tieren gearbeitet, wenn der Sichtkontakt zur Herde bei einer Intervention verloren geht. Ein Tier, das alleine zurückgelassen wird, reagiert meist mit großer Aufregung auf die Trennung von der Herde. Dies führt nicht selten zu erfolgreichen Ausbruchsversuchen.

Eine Herde von vier bis fünf Tieren ermöglicht mehr Flexibilität und macht die Arbeit mit Gruppen dann besser realisierbar. Auch Tierbeobachtungen sind effektiver und abwechslungsreicher, wenn mehrere Tiere vorhanden sind.

Wer sowohl Lamas als auch Alpakas halten möchte, sollte möglichst mindestens zwei Tiere jeder Art halten, also z. B. zwei Alpakas und zwei Lamas.

Andauernde heftige Auseinandersetzungen innerhalb der Herde sollten unterbunden werden, auch wenn es bedeutet, dass ein Tier abgegeben werden muss. Dauerhaft gestresste Tiere erkranken und wären überfordert, wenn sie zusätzlich noch „arbeiten" müssten. Außerdem lassen sich Erstkontakte und freie Begegnungen auf einer Weide, die einer Kampfarena gleicht, nicht durchführen.

2.5 Charakterliche Unterschiede von Kameliden

Eine große Ressource für die pädagogische Arbeit bieten die unterschiedlichen Charaktere der Tiere. So gibt es zutrauliche Lamas und Alpakas, die sich streicheln lassen, kaum schreckhaft sind und auch von Kindergartenkindern geführt werden können und andere, die eher scheu und misstrauisch sind. Eine weitere typische Charaktereigenschaft wird, nach außen hin, als Sturheit wahrgenommen. Diese Tiere zeigen eine gewisse Ruhe und Gelassenheit, blockieren aber die Zusammenarbeit.

In diesem Kapitel soll vorgestellt werden, wie diese charakterlichen Eigenschaften, die bei jedem Tier in einmaliger Kombination zu finden sind, für die pädagogische Arbeit genutzt werden können.

Der Kumpeltyp

Hierbei handelt es sich um kindersichere Anfängertiere, die sich auch bei Pflegemaßnahmen vertrauensvoll zeigen. Sie eignen sich besonders gut, wenn das Auf- und Abhalftern, das Anbringen des Packsattels, das Scheren mit der Hand und der allgemeine Umgang mit Kameliden geübt werden. Natürlich ist immer darauf zu achten, dass die Geduld der Tiere nicht überstrapaziert wird.

Da diese Tiere eine hohe Stresstoleranz besitzen, eignen sie sich auch für die Arbeit mit Personen, die zu unvorhergesehenen Bewegungen und

Abb. 7: Kumpeltyp: Classic-Lamawallach „Bob“

Lautäußerungen neigen. Sie sind ebenfalls für Begegnungen mit Menschen, die auf einen Rollstuhl angewiesen oder von psychomotorischen Störungen betroffen sind, einsetzbar.

Diese unkomplizierten Tiere machen ihren Menschen das Leben leicht, verlangen aber konsequente Führung bei Spaziergängen, da sie sich gerne ausgiebig dem Futterangebot links und rechts des Weges zuwenden. Aus pädagogischer Sicht stellt dieses Verhalten eine Herausforderung für Kinder und Jugendliche dar, denen es an Selbstwahrnehmung und Durchsetzungskraft fehlt. Auch die Dosierung der eigenen Kraft kann hier trainiert werden, denn, wenn wild und unkontrolliert am Führstrick gezogen wird, ist das vertrauensvolle Verhältnis zum tierischen Begleiter gefährdet.

Dies ist den Kindern und Jugendlichen bewusst, da sie den Umgang mit den Tieren unter Anleitung erlernen. Die Kinder möchten (bis auf wenige Ausnahmen) ihren tierischen Begleitern keinen Schaden zufügen und geben sich meistens große Mühe, alles richtig zu machen. Gerade deswegen besteht die Gefahr, dass sich ein Kind nicht richtig durchsetzen kann, denn die Lamas testen die Führungskompetenz und nutzen Schwächen kompromisslos aus, um ihren Willen durchzusetzen. Hier ist es wichtig, rechtzeitig unterstützend einzugreifen, damit Kinder oder Jugendliche sich nicht überfordert fühlen. Oft reicht es, ein- oder zweimal das richtig dosierte Wegführen vom verführerischen Grün zu demonstrieren und die Kinder kommen alleine zurecht, denn Lamas vom Kumpeltyp sind grundsätzlich gutmütig und widersetzen sich in der Regel nicht nachhaltig. Im Frühjahr, nach längerer Abstinenz von frischem Gras, bedarf es besonderer Konsequenz, um die Lamas vom Fressen abzuhalten. **Achtung:** Dann machen die Tiere auch vor giftigen Pflanzen (z. B. der immergrünen Eibe) nicht Halt.

Beim Kumpeltyp handelt es sich meistens um Wallache (Abb. 7). Sie können in allen Bereichen eingesetzt werden. Im erlebnispädagogischen Kontext eignen sie sich gut für Trekkingtouren, wenn sie entsprechend trainiert sind.

Der scheue Typ

Der Umgang mit Lamas und Alpakas, die misstrauisch sind und immer darauf zu warten scheinen, dass etwas Negatives geschieht, erfordert besonderes Fingerspitzengefühl. Diese Tiere geraten leicht in Panik und würden wahrscheinlich davonlaufen, wenn sie sich losreißen. Dieses Verhalten kann darin begründet liegen, dass das Tier schlechte Erfahrungen gemacht hat. Aber auch charakterliche Dispositionen spielen hier wahrscheinlich eine Rolle.

Beim Treiben erscheinen misstrauische Kameliden hektisch und nervös, und ihre Fluchtzone ist größer als bei anderen Tieren. Das Halftern gestaltet sich bei sicherem, ruhigen Zugriff trotzdem nicht allzu schwer. Auch bei Spaziergängen zeigen sich diese Lamas oft sehr kooperativ. Allerdings stehen sie schneller unter Stress und dürfen nicht losgelassen werden, da sie flüchten könnten und sich dann nicht so leicht wieder einfangen lassen. Lamas, die diesem Charaktertyp entsprechen, lassen sich nicht gern anfassen, sie bevorzugen es, immer einen gewissen Abstand zum Menschen zu halten.

Für jüngere Kinder sind sie nur bedingt geeignet. Für ältere Kinder und Jugendliche, die z. B. innerhalb einer individualpädagogischen Maßnahme ein Lama regelmäßig betreuen, wäre ein solches Tier hingegen passend, denn durch einen kontinuierlichen Beziehungsaufbau legen auch misstrauische Kameliden ihr scheues Verhalten zum Teil langsam ab und werden zugänglicher. Für die Jugendlichen ein beobachtbarer Erfolg, der allerdings viel Einfühlungsvermögen, Rücksichtnahme und vor allem Geduld erfordert. „Ihrem" Tier zuliebe entwickeln Jugendliche und Kinder mitunter Eigenschaften, die ohne den Beziehungsaufbau zum Lama oder Alpaka nie sichtbar würden. Sie wissen, dass sie dem Tier durch ruhigen und konsequenten Umgang Sicherheit vermitteln müssen und erlangen dadurch zunehmend selbst Sicherheit. Die Zuneigung eines Tieres, um das sie sich bemüht haben, macht alle lobenden Worte überflüssig.

Eine weitere wichtige Erfahrung ist es, durch das Feedback des Tieres selbst einschätzen zu können, ob man erfolgreich ist, oder nicht. So verbessern die jungen Menschen ihre Fähigkeit, sich selbst und ihr Vorgehen realistisch einzuschätzen.

Der scheue, misstrauische Typ birgt also ein hohes Potential an Lernmöglichkeiten. Von Jugendlichen oder Erwachsenen geführt, die schon über etwas Erfahrung mit Kameliden verfügen, können diese Tiere, wenn sie nicht extrem scheu sind, Spaziergänge ebenso begleiten, wie ihre gelassener reagierenden Artgenossen.

Auch Übungen auf dem Hindernisparcours können durchgeführt werden, sie erfordern aber ein hohes Maß an Geduld und Durchhaltevermögen.

Der sture Typ

Der dritte Charaktertyp macht es allen schwer: Stehen bleiben und bocken, heißt es bei diesen Lamas und Alpakas. Was bei einer tragenden Stute verständlich und als vorübergehend anzusehen ist, ist bei diesen Tieren Programm. Sie lassen sich meistens problemlos halftern, bleiben dann aber an Ort und Stelle stehen oder legen sich sogar hin. Dieser Charaktertyp gibt Rätsel auf, wenn man versucht, den Grund für die Verweigerungshaltung herauszufinden: z. B. Sitzt das Halfter richtig? Möchte das Tier nicht von der Herde oder einem bestimmten anderen Tier getrennt werden? Hat es vor irgendetwas Angst?

Besonders unkooperative Tiere eignen sich nicht für Trekkingtouren, da sie die ganze Gruppe blockieren können. Aber sie bergen die Grundlage für Gespräche und gemeinsame Überlegungen.

Mit einem Lama oder Alpaka vom sturen Typ ist der Hindernisparcours eine große Herausforderung. Da die Möglichkeit der Gewaltanwendung wegfällt, werden gewaltlose Erziehungsmethoden diskutiert. Es wird die Perspektive des Tieres eingenommen und gemeinsam überlegt, welche Motive es haben könnte, sich gegen jede Mitarbeit zu sträuben. Solche Gespräche können sehr „menschlich" werden, wenn die Kinder die Perspektive des Lamas übernehmen und erzählen, warum sie selbst manchmal etwas nicht wollen. Oft ergreifen sie Partei für das Lama oder Alpaka und nennen die guten Seiten und Vorteile des betreffenden Tieres. Mit viel Kreativität und Einfühlungsvermögen werden Methoden, wie man solche Verweigerer trainieren könnte, erörtert. Es können Hypothesen gebildet und Ideen ausprobiert werden.

Fall-beispiel

- Hypothese: Das Alpaka zeigt sich störrisch, weil es nicht ohne das andere Alpaka weggeführt werden will.
- Überprüfungsmethode: Beide Tiere halftern und losgehen. Geht das Tier, das sich vorher weigerte, nun mit, war die Hypothese wahrscheinlich richtig.

Solche Erlebnisse erfordern gemeinsames Nachdenken und gemeinsames Handeln. Wenn sie zum gemeinsamen Erfolg führen, führen sie auch zu gemeinsamer Freude. Um den pädagogischen Anspruch zu erfüllen, erfolgt der Transfer in den Alltag. Am oben genannten Beispiel könnte gelernt werden, dass jedes Verhalten einen Grund hat, dass Gewaltanwendung Widerstand erhöht und keine zufriedenstellende Lösung herbeiführt.

Auch wenn keine Erklärung für die Verweigerungshaltung eines Tieres gefunden wird, können wichtige Erkenntnisse gewonnen werden, denn es zählen das Gespräch und auch der nicht erfolgreiche Versuch. Verhalten, das rätselhaft und unerklärlich bleibt, ist ja auch ein alltagstypisches Phänomen.

Besonders bei langfristig angelegten Projekten mit Lamas und Alpakas ist das Vorhandensein von „Problemtieren“ hilfreich, da sie besondere Herausforderungen und somit besondere Erfolge ermöglichen.

3 Pädagogische Räume und Lernorte

Werden Weidetiere als Begleiter pädagogischer Maßnahmen genutzt, sind damit bestimmte Einsatzorte gekoppelt. Im Zusammenhang mit Kameliden sind dies z. B. die Weide, der Stall und bei Ausflügen in die Umgebung auch Wald und Flur sowie das Dorf oder die Stadt. Zum Abschluss einer pädagogischen Intervention wird das reflektierende Gespräch eingeplant. Hierfür stehen ebenfalls verschiedene Räume zur Verfügung. Jeder Raum hat seine eigene Qualität.

„Diese Qualitäten haben Einfluss auf das Erleben und Lernen. In handlungs- und erlebnisorientierten Bildungsangeboten spielt dieser Faktor eine wichtige Rolle. Die Kompetenz zur optimalen Wahl und Gestaltung von Räumen, in denen die Aktionen und Interaktionen geschehen, gehört zur Qualifikation einer erlebnisorientierten Leitung." (Zuffellato/Kreszmeier 2007, 129)

3.1 Im Stall

Bei den Tieren im Stall herrscht eine besondere Atmosphäre. Im Sommer ist es dort kühl und schattig, im Winter windgeschützt und durch die Körpertemperatur der Tiere aufgewärmt. Im Stall duftet es nach Heu und der typische Lamageruch liegt in der Luft.

Hier werden die Tiere gefüttert, hier suchen sie Schutz vor Witterungseinflüssen und finden Ruhe vor lästigen Insekten.

Vor allem bei Anwesenheit der Tiere, ist der Stall ein Raum der Geborgenheit und Schutz vermittelt. Im Winter, besonders dann, wenn Schnee liegt, verbringen Lamas und Alpakas viel Zeit im Stall. Wenn die Tiere ihre Ruhezeiten zum Wiederkäuen dort verbringen, ist es ein geeigneter Raum für

Gespräche. Die mahlenden Geräusche der wiederkäuenden Kameliden tragen zu einer entspannten Atmosphäre, zum Wohlbefinden und friedlichen Miteinander bei.

Man kann sich zwischen den Tieren niederlassen, auf einer Holzbank oder im Heu. Inmitten der Tiere spürt man die Ruhe und Gelassenheit, die von den Kameliden ausgeht, am deutlichsten.

Abb. 8: Im Stall

3.2 Im Tipi

Wer die Gelegenheit hat, ein Tipi aufzustellen, kann von der besonderen Wirkung der kegelförmigen Stangenzelte, die den nativen nordamerikanischen Indianerstämmen als Wohnung dienten, profitieren. Sie verkörpern das ursprüngliche Leben im Einklang mit der Natur und haben, durch ihre Höhe und Gestalt eine starke Präsenz, die bewusste und unbewusste Gefühlsresonanzen auslöst. Auch das Innere eines Tipis ist beeindruckend. Die große Raumhöhe und die Rauchöffnung, die den Blick zum Himmel freigibt, ergeben ein besonderes Raumgefühl.

Die Möglichkeit, ganzjährig am offenen Feuer zu sitzen und zu jeder Jahreszeit, wetterunabhängig, trocken und warm, eine natürliche Umgebung zu erleben, vermittelt die Erfahrung, unabhängig von Zivilisation und

Abb. 9: Tipi

Konsum existieren zu können. Die Raumaufteilung und Nutzung eines Tipis ist seit Jahrhunderten die gleiche. Es ist seit Jahrhunderten ein Ort der Zusammenkunft, der Geborgenheit und Schutz bietet sowie ein Ort, der für Riten und religiöse Handlungen genutzt wurde und wird.

Solche Orte können spezielle Raumqualitäten bieten, die von dem Biochemiker und Zellbiologen Rupert Sheldrake (1999) als morphische Resonanz bezeichnet werden. Es handelt sich hier um das Phänomen gespeicherter Information, die sich als Organisationsmuster zu einem anderen Zeitpunkt und an einem anderen Ort als morphisches Feld darstellen würde. Diese Muster würden durch Wiederholung stärker. „Informationen oder Handlungsmuster werden von einem System auf ein folgendes System der gleichen Art durch die, wie ich es nenne, morphische Resonanz übertragen. Bei der morphischen Resonanz handelt es sich um den Einfluss von Gleichem auf Gleiches, von Handlungsmustern auf nachfolgende ähnliche Handlungsmuster, ein Einfluss, der sich durch Raum und Zeit fortpflanzt. Diese Einflüsse lassen vermutlich mit der räumlichen und zeitlichen Entfernung nicht nach, aber sie stammen nur aus der Vergangenheit, nicht aus der Zukunft. Je größer die Ähnlichkeit, desto stärker der Einfluß der morphischen Resonanz." (Sheldrake 1999, 358 f.)

Nach dieser Theorie wäre es möglich, das Wissen Jahrtausende alter Kulturen durch die Arbeit mit den Lamas, als Symbol der symbiotischen Partnerschaft zwischen Mensch und Tier und das Ursymbol für Versammlungsorte, dem Tipi, zu erspüren und in das Erleben im Hier und Jetzt mit einfließen lassen zu können. Pädagogische Aktivitäten, bei denen bewusst Handlungen nativer Völker eingeplant werden und die Lebensweise dieser Menschen miteinbezogen wird, sind erfahrungsgemäß von besonderer Intensität. Gerade bei jungen Menschen steigt dadurch das Interesse an der Natur sowie die Vertrautheit mit der Natur.

3.3 Auf der Weide

Die Weide ist ein weiterer Ort, der für Erleben, Lernen und Gespräche genutzt werden kann. Man kann sich im Gras niederlassen und die Tiere beobachten, Lernerfahrungen reflektieren, die weitere Vorgehensweise besprechen oder den Aufenthalt in der Natur genießen und schweigen. Einfache Holzbänke können sicherstellen, dass die Weide, auch bei feuchtem Gras ein geeigneter Gesprächs- und Aufenthaltsort ist.

Der Weidezaun gibt einen Rahmen vor, er dient als Abgrenzung nach Außen und als Schutz vor äußeren Einflüssen. Dadurch vermittelt er Halt und Sicherheit, bei großen Weideflächen auch das Gefühl von geschützter Freiheit. Feste Zäune wirken anders als flexible Weidebegrenzungen.

Abb. 10: Auf der Weide

Elektrozäune, die nicht unter Spannung stehen, werden anders wahrgenommen als ein aktivierter Elektrozaun.

Die Tiere haben die Möglichkeit, sich ungeplant, unmittelbar und selbstgesteuert zu nähern und Kontakt aufzunehmen. Bei längeren Aufenthalten auf der Weide geschieht dies, in Zeitabständen von ca. einer halben Stunde. Es scheint, als seien die Lamas neugierig und interessiert, was die Menschen machen und schauen regelmäßig nach, ob sich etwas verändert hat.

3.4 Im Wald

Die Bedeutung des Waldes für den Menschen hat sich in den letzten hundert Jahren entscheidend gewandelt. Früher gab es viele Gründe in den Wald zu gehen: Feuerholz, Früchte oder Pilze sammeln, Schweine hüten usw. Außerdem führten viele Wegstrecken durch den Wald und mussten zu Fuß, mit dem Fahrrad oder der Kutsche bewältigt werden.

Die Funktion des Waldes als Nahrungs-, Baustoff- und Brennholzlieferant ist seit Mitte des letzten Jahrhunderts enorm zurückgegangen. Heute steht die freizeit- und erholungszentrierte Nutzung im Vordergrund. Rohstoffgewinnung und Jagd sind nur für wenige Menschen als Nutzungsmöglichkeit geblieben.

Der Aufenthalt im Wald ist für Kinder und Jugendliche heute nicht mehr selbstverständlich. Das Beschäftigungsangebot in den Wohnungen, die meistens über ein oder mehrere Kinderzimmer verfügen, ist enorm gewachsen. Die Medien ermöglichen virtuelles Wald- und Naturerleben, sodass Primärerfahrungen im Lebensraum Wildnis durch Sekundärerfahrungen verdrängt werden. Nach Rolff und Zimmermann (2001) besteht das Risiko, dass Kinder die Rückbildung der digitalen Information an die natürliche und soziale Wirklichkeit verlernen und in die virtuelle Scheinwelt der Medien abtauchen (Rolff/Zimmermann 2001).

Kinder konsumieren heute vorwiegend einseitige Sinneskost, stellen Berthold und Ziegenspeck (2002) fest, da sich die materielle Welt auch nicht in die Institutionen, in denen Kinder viel Zeit verbringen, hineinbringen lässt. Augen und Ohren würden überbeansprucht, während andere Sinne brachliegen würden (Berthold/Ziegenspeck 2002).

Hoppe, so Berthold und Ziegenspeck, habe herausgefunden, dass vor ca. 50 Jahren bei Kindern, die frei wählen konnten, wo sie spielen möchten, Kinderzimmer eine untergeordnete Rolle innehatten. Zu 90 % habe das Spiel im Freien stattgefunden. Hieraus leite Hoppe Bedürfnisse ab, die auch heute noch bei Kindern bestehen würden (Berthold/Ziegenspeck 2002):

1. Abenteuer, Spannung, Risiko, aber auch Geborgenheit und Sicherheit,
2. Freiheit, aber auch Grenzen und Verantwortung,
3. Gemeinschaft, aber auch das Für-sich-alleine-sein,
4. Anpassung, aber auch die Möglichkeit zu gestalten,
5. Natur sinnlich erkennen, aber auch Natur sinnlich verändern.

Diesen sich ambivalent gegenüberstehenden Bedürfnissen kann, durch den Aufenthalt im Wald, nachgekommen werden:

Zu 1: Der Wald ist abwechslungsreich, bietet Neues, Unvorhergesehenes und Freiraum für Fantasie. Tiere können entdeckt und beobachtet werden. Es gibt Gelegenheit zum Klettern, Über-Gräben-Springen und Verstecken. Die Kinder können sich in Räuber und Polizisten, Indianer oder Schatzsucher verwandeln. Vor allem Kinder, die von ihren Eltern wenig Sicherheit und Geborgenheit erfahren, profitieren von der Geborgenheit und Sicherheit, die pädagogische Gruppenarbeit im Wald bietet.

Zu 2: Wald und Wiese bieten Bewegungsfreiheit, denn es kann dort getobt und gelärmt werden. Viele Regeln, die in bewohnten Gegenden berücksichtigt werden müssen, sind hier überflüssig. Regeln gibt es aber auch im Wald, vor allem aus Gründen des Schutzes von Tier und Natur. Naturerleben ist die Basis für Umweltbewusstsein, was bedeutet, sich persönlich verantwortlich für den Schutz des Waldes und der Tiere zu fühlen. Für Kinder, die den Wald achten, ist es selbstverständlich, die Ruhezonen und die Schonzeiten von Tieren zu respektieren, keinen Müll im Wald liegen zu lassen und bei Waldbrandgefahr kein Feuer zu entzünden. Vereinbarungen und Abmachungen, z.B. sich nicht zu weit von der Gruppe zu entfernen, gemeinsam Pausen zu machen und das Picknick gemeinsam einzunehmen, geben Struktur und Sicherheit.

Zu 3: Gruppenaktivitäten im Freien sollten immer so geplant werden, dass sich Einzelne absondern können, um für sich zu sein. Manche Kinder erklettern einen Baum, um von oben alles in Ruhe betrachten zu können, andere lassen sich beim Wandern zurückfallen oder gehen voraus, um ungestört zu sein.

Zu 4: Wie bei Punkt 2 erwähnt, gibt es bestimmte Grundregeln, die im Wald eingehalten werden müssen, um die dort lebenden Tiere und ihren Lebensraum zu schützen. Hier ist Anpassung unbedingt erforderlich. Bei individuellen (Lern-)Aktivitäten hingegen sollte den Kindern die Möglichkeit gegeben werden, mitzuentscheiden. Auch die Wahl des Picknickplatzes und die dortige Verweildauer kann von den Kindern mitbestimmt werden.

Zu 5: Mit Anleitung können Kindern im Wald ihre vernachlässigten Sinne bewusst gemacht werden: Verschiedene Bodenqualitäten können barfuß erfühlt oder die unterschiedlichen Rindenstrukturen von Baumstämmen mit verbundenen Augen ertastet werden. Der Wald hält ein reichhaltiges Angebot an Gerüchen bereit. Früchte und Kräuter können gesammelt und zubereitet werden (Achtung: nicht ungewaschen verzehren, wegen Fuchsbandwurm), um unverfälschte Geschmackserlebnisse zu ermöglichen. Naturmaterialien können gestalterisch eingesetzt werden. Das Gestalten mit Naturmaterialien fördert die Sinneswahrnehmungen, den gestalterischen und kreativen Umgang mit der Umwelt sowie das Gefühl, selbst Teil der Natur zu sein.

Der Wald ist heute einer der wenigen Orte, an denen der Einfluss der Medien keine Macht hat. Medienfreiheit unterstützt ungestörtes Nachdenken und begünstigt so Selbstfindungsprozesse und dadurch die Entwicklung der Persönlichkeit. Somit ist der Wald ein Ort für Gefühle und Geheimnisse und geeignet, das Mit-und-für-sich-alleine-sein zu lernen.

4 Projekte, Aktionen und Settings

4.1 Die Tierbeobachtung

Die Sprache der Lamas und Alpakas mutet geheimnis- und bedeutungsvoll an, wenn sie mit ihren großen Augen und Ohren sowie erhabenen Körperbewegungen Signale setzen. Hierdurch wird das ästhetische Empfinden von Kindern ebenso angesprochen, wie ihr Grundbedürfnis nach Fantasiewelten und Geheimnissen.

Auch Kinder, die als unkonzentriert und unaufmerksam gelten, beobachten die Tiere lange und ausgiebig, um herauszufinden, wie die Lamas untereinander kommunizieren. Gerade diese Kinder sind oft sehr fantasievoll, wenn es darum geht, Interpretationen der Kamelidensprache vorzunehmen.

Pädagoginnen und Therapeutinnen können in diesem Zusammenhang sehr viel über die Gefühlswelt der Kinder und Jugendlichen erfahren, da die eigenen Gefühle oft auf die Tiere übertragen werden.

Fallbeispiel

Till, ein 8-jähriger Junge, ist für 6 Wochen von der Schule suspendiert. Seine Lehrerin berichtet, er integriere sich weder in die Klassengemeinschaft, noch halte er sich während des Unterrichts und in den Pausen an die Regeln. Die Situation habe sich nun so zugespitzt, dass er nicht mehr tragbar für die Klasse sei. Über die Suspendierung und die Vorfälle in der Schule spreche er nicht, berichten seine Mutter und die Lehrerin.
Till kommt zweimal in der Woche auf meinen Hof, um mit mir die Tiere zu versorgen. Als wir den Lamas und Alpakas beim Fressen zuschauen, sagt Till plötzlich, er wisse genau, wie sich der weiße Lamawallach, der gerade von seinem Futterplatz vertrieben wird, fühle. Ihm ergehe es in der Schule ebenso.

Die Pädagogin erhält hier einen wertvollen Hinweis auf die Lebenswelt eines Kindes, das vielleicht ausgegrenzt und gemobbt wird und sich an dieser Stelle traut, darüber zu sprechen.

Geben Kinder oder Jugendliche selbst direkte Hinweise auf ihre Probleme, ist es oft möglich, ein intensives Gespräch zu führen, da dann die nötige Gesprächsbereitschaft vorhanden ist. Auf der Weide oder im Stall, in Gegenwart der Tiere, fällt es oft leichter, belastende Erlebnisse und Situationen zu schildern.

Die Atmosphäre in einer von Erwachsenen dominierten, häufig unpersönlich wirkenden Praxis und einer für das Kind oft undurchschaubaren und künstlich hergestellten Frage-Antwort-Situation verhindert oder verzögert häufig den Aufbau einer vertrauensvollen Beziehung zur Pädagogin oder Psychologin, die die Grundlage für die Bereitschaft ist, über Ängste, Kummer und Sorgen zu sprechen.

Kinder beobachten sehr genau und trauen einem Menschen, der das Wohl seiner Tiere immer im Auge hat und mit allen Lebewesen respektvoll und rücksichtsvoll umgeht, schneller zu, dass auch sie selbst bei diesem Menschen gut aufgehoben sind.

Die gemeinsame Tierbeobachtung und die Absicht, die Sprache der Kameliden verstehen zu lernen, um mit ihnen kommunizieren zu können, ist eine Aktivität, die gegenseitiges Kennenlernen erleichtert. Die Beziehung zwischen Pädagogin und Klient kann mit Hilfe des Mediums, über das gesprochen wird, behutsam und allmählich aufgebaut werden. Das Kind oder der Jugendliche muss zunächst keine persönlichen Fragen beantworten, aber es besteht in jedem Moment die Möglichkeit, vom Gespräch über die Tiere zu den direkten Problemen des jungen Menschen zu wechseln.

4.2 Die freie Begegnung

Kameliden sind Distanztiere und bevorzugen es, einen gewissen Abstand zum Menschen zu halten. Der Abstand, bei dem sich ein Tier wohlfühlt, ist individuell. Wie bei Menschen auch, kommt es auf die Situation an, in der sich die Tiere gerade befinden. In einem überfüllten Bus oder Aufzug ergibt sich für Menschen eine andere Individualdistanz, als auf einem großen freien Platz.

Es scheint, als wollten Kameliden es vermeiden, einander zu berühren. Befinden sie sich jedoch in einem kleinen Pferch, sind sie direkter Nähe und Berührungen gegenüber toleranter. Durch ihre Körpersprache zeigen Neuweltkameliden an, welcher Abstand für sie angenehm ist (Abb. 11).

Abb. 11: Freie Begegnung auf der Weide mit Alpakahengst „Marley"

Lamas und Alpakas sind allem Neuen gegenüber aufgeschlossen. Auch schüchterne und scheue Tiere nähern sich Unbekanntem, von Erkundungsdrang und Neugier getrieben. In dieser Situation kommen sie näher heran als sonst, denn sie wollen mit allen Sinnen wahrnehmen und begutachten. Für die olfaktorische Wahrnehmung ist die unmittelbare Nähe zum Gegenstand der Untersuchung erforderlich. Auf andere Tiere, wie z. B. Katzen oder Hunde, die den Paddock oder die Weide betreten, laufen die Kameliden manchmal mit nach unten gerecktem Hals zu. Die meisten Tiere veranlasst dieses Verhalten zur sofortigen Flucht aus dem Lamarevier. Bedrängte Hunde wehren sich gelegentlich, indem sie allzu aufdringlichen Lamas in die Nase zwicken.

Auf menschliche Besucher bewegt sich die Kamelidenherde langsamer zu, wobei die Neuankömmlinge aufmerksam beobachtet werden. Vielleicht ist den Lamas und Alpakas bewusst, dass der Mensch Arme hat, die er ausstrecken und mit denen er zugreifen kann. Die Lamas und Alpakas beachten auch, ob man etwas in den Händen hält. Ein Halfter z. B. könnte bedeuten, dass ein Tier gehalftert wird und ein Spaziergang ansteht. Manche Tiere erkennen ihr eigenes Halfter und man kann an der Reaktion der Tiere ablesen, ob sie aufgeschlossen für eine Aktivität sind oder vielleicht lieber in Ruhe gelassen werden möchten.

Dem Verhalten von vertrauten Personen können Kameliden schon viele Hinweise entnehmen, um die bevorstehende Situation zu beurteilen. Erscheint ihnen das Geschehen unbedrohlich, geben sie ihrem Wissensdrang nach und gehen neugierig auf Menschen zu. Nun kommt es auf den Charakter des einzelnen Tieres an, wie nah und wie lange der Erkundungsvorgang stattfindet. Manche Lamas haben großes Interesse daran, Gerüche wahrzunehmen und überbrücken die ansonsten bevorzugte Distanz, indem sie ihren langen Hals weit vorstrecken, um das Gesicht eines Menschen beschnuppern zu können. Einige Tiere beriechen das Gesicht, besonders den Mund, sehr intensiv (Abb. 12). Es scheint, als ob sie von manchen Gerüchen besonders angezogen werden, so ausgiebig saugen sie die Atemluft ein, um sie dann stoßweise wieder auszupusten. Dabei verströmen sie den Geruch ihres eigenen Atems. Manchmal beginnen sie sogar mit ihren Lippen das Gesicht des Menschen abzutasten, als ob sie es auch taktil und geschmacklich erfassen wollten. Dieses Verhalten kann man auch bei Kameliden untereinander beobachten.

Abb. 12: Der sogenannte „Lamakuss"

Für Menschen, die Kameliden zum ersten Mal begegnen, ist es oft verwunderlich und überraschend, dass so unnahbar und stolz erscheinende Tiere so dicht und grenzüberschreitend an sie herantreten. Nicht selten erfolgt dann spontan eine abwehrende Geste, auf die Lamas und Alpakas sofort reagieren, indem sie zurückweichen.

TIPP

*Im Zuge des **Erstkontaktes** ist es aus pädagogischer Sicht wichtig, diese Eigenart der Kameliden zuerst im Gespräch zu thematisieren und später genau darauf zu achten, dass sich die beschnupperten Menschen in dieser Situation wohlfühlen. Besonders bei Kindern und Jugendlichen, die durch sexuellen Missbrauch traumatisierende Situationen erlebt haben, kann die unmittelbare Nähe und der warme Atem eines Lamas oder Alpakas retraumatisierende Wirkung haben. Deshalb sollte vorab, wenn die Lamas und Alpakas zu Beginn des Kennenlernens vom Zaun aus beobachtet werden, das respektvolle und sensible Wesen der Kameliden beschrieben werden. An dieser Stelle sollte man deutlich machen, dass niemand dem Verhalten der Kameliden ausgeliefert ist, sondern der Abstand der Tiere durch Bewegungen sicher gesteuert werden kann. Für Kinder und Jugendliche, die das Gefühl des Ausgeliefertseins und der Hilflosigkeit erlebt haben, ist es von großer Bedeutung zu wissen, dass sie die Fähigkeit haben, selbst zu bestimmen und zu steuern, wann und wie lange das Tier ihnen nahe sein darf.*

Das positive Erlebnis, beim Kontakt mit den Kameliden die Erfahrung zu machen, dass abwehrende Signale von den Tieren sofort beachtet und respektiert werden und sie trotzdem freundlich geneigt auf ein weiteres Kontaktangebot warten, kann ein erster Schritt zur Verbesserung der Selbstkompetenz sein.

Auch Menschen, die große Angst vor Tieren haben, profitieren von dieser Verhaltensart beim Erstkontakt. Die zuverlässige Reaktion der Neuweltkameliden, bei abwehrenden Gesten und Bewegungen den Abstand zu vergrößern, ist für die pädagogische Arbeit von großem Nutzen und die Grundlage für Nähe-und-Distanzübungen, bei denen Mensch und Tier lernen, einander zu verstehen, die Signale des Gegenüber zu erkennen, auf sie entsprechend zu reagieren und somit einander Respekt zu erweisen, damit die Grundlage für eine vertrauensvolle Beziehung bereitet werden kann.

TIPP

Ganz wichtig ist es, grundsätzlich immer darauf zu achten, dass keine Situation entsteht, in der sich eine Überforderung oder Bedrohung aus Sicht der Klienten ergibt. Hier gilt: Weniger ist mehr! Auch wenn das pädagogische Angebot die Erlebnisorientierung hervorhebt und dies an Abenteuer und Grenzerfahrungen denken lässt, der Erstkontakt beinhaltet gegenseitiges Kennenlernen, das meistens schon ein Erlebnis an sich ist. Für sehr ängstliche

Kinder reicht es auch vollkommen, jenseits des Zaunes zu bleiben. Es sollte hier immer den kleinen oder großen Klienten überlassen werden, wann für sie der richtige Zeitpunkt ist, den direkten Kontakt mit den Tieren zuzulassen.

Andere Kinder wiederum können es kaum abwarten, die Lamas endlich zu streicheln und müssen in ihrem Aktionsdrang gebremst werden, was meistens gelingt, wenn sie darauf hingewiesen werden, dass Lamas und Alpakas sich nur streicheln lassen, wenn sie es möchten und nur dann, wenn sie jemanden kennen und mögen. Wer diesen Hinweis nicht beachtet, macht umgehend die Erfahrung, dass man sich Kameliden angemessen nähern sollte, wenn man zu ihnen Kontakt aufnehmen will. Andernfalls muss man sich damit abfinden, sie aus der Ferne zu betrachten, da die Kameliden auf zudringliches menschliches Verhalten prompt reagieren und den Abstand vergrößern. So lehren sie den richtigen Umgang mit ihrer Art und gleichzeitig, dass es sich lohnt Anweisungen anzunehmen und zu befolgen.

Hilfreich ist in diesem Zusammenhang auch das ausgleichende Wesen der Neuweltkameliden, das Schüchterne ermutigt und Übermütige beruhigt.

Kameliden entscheiden bei jedem Menschen neu, ob sie ihm vertrauen oder den Abstand vorsichtshalber vergrößern. Es scheint, als ob sie weniger zur Generalisierung neigen als andere Tierarten (z. B. Hund, Pferd), die oft grundsätzlich Vertrauen gegenüber Menschen zeigen, wenn sie vorwiegend gute Erfahrungen gemacht haben.

Diese Eigenschaft birgt Vorteile für die pädagogische Arbeit, besonders, wenn es um erfolgreiches Erleben und Lernen bezüglich des Sozialverhaltens geht. Wer eine auf Dauer positive Beziehung zu Neuweltkameliden aufbauen will, muss Regeln befolgen, die die Bedürfnisse der Tiere respektieren. Hierfür ist es erforderlich, die Perspektive der Kameliden einzunehmen und das eigene Verhalten auf die Sichtweise der Tiere abzustimmen. Damit das Verhalten immer angemessen ist, muss auf die Körpersprache der Tiere geachtet werden. Um diese zu verstehen, müssen sich die Kinder und Jugendlichen theoretisches und praktisches Wissen aneignen.

4.3 Das Treiben im Team

Beim Erlernen des praktischen Umgangs mit Lamas und Alpakas sowie in der Handhabung und beim Training selbst, gibt es eine Vielzahl von Möglichkeiten, um wichtige Lernziele anzustreben. Je nach Gruppengröße und Umgebung der Intervention können handlungsorientierte Aktionen helfen, die nachstehenden Lernziele praktisch nebenbei zu verfolgen:

- Teamfähigkeit,
- Einhalten von Regeln,
- Erkennen und Akzeptieren von Grenzen,
- Aufbau von Selbstbewusstsein,
- Durchhaltevermögen und Geduld,
- Verbesserung des Konzentrationsvermögens.

Das artgerechte Treiben und Einfangen der Lamas geht jeder Unternehmung außerhalb der Weide und des eingezäunten Paddockbereichs voraus. Wenn man die Tiere von einer großen Weide holen möchte, um dann einige von ihnen für eine Wanderung oder das Training auf dem Hindernisparcours aufzuhalftern, ist es vorteilhaft, zu zweit oder als Gruppe zu arbeiten. Um eine Kamelidenherde erfolgreich zu treiben, muss man sich an bestimmte Regeln halten. Obwohl Lamas und Alpakas Fluchttiere sind und die Suche nach einem Fluchtweg ein instinktives Verhalten ist, flüchten sie nicht „kopflos“, sondern scheinen zu überdenken, welches die beste Lösung für ihr Problem ist (McGee Bennett 2006).

Haben die Kameliden gerade andere Bedürfnisse oder Angst vor etwas (z. B. wenn sie den Tierarzt sehen), so kann es schwierig werden, sie in den Stall oder Catchpen (ca. 3 m × 3 m großer, stabiler und ausbruchssicherer Pferch, Abb. 15, 16) zu treiben.

Im Catchpen können Tiere gebürstet, geschoren, entwurmt, geimpft, gehalftert, gesattelt (Tragsattel für Lasten) und ihre Zehennägel geschnitten werden.

Ähnlich wie bei einem Blindenhund, für den das Anlegen des Geschirrs „Arbeitsbeginn“ bedeutet, verhält es sich mit Kameliden, denen das Halfter angelegt wird. Ohne Halfter bewegen sie sich frei und entscheiden selbst, ob und wie sie Kontakt zu Menschen aufnehmen; tragen sie ein Halfter, sind sie (meistens) bereit, mit dem Menschen zu kooperieren, wenn entsprechende Signale gegeben werden. Auch mit Menschen sehr vertraute Lamas und Alpakas verhalten sich ohne Halfter oft ähnlich wie freie, wildlebende Kameliden, die sich nicht einfangen lassen wollen. Für Lamas und Alpakas ist nichts wichtiger als ihre eigene Sicherheit und sie wissen, dass sie nicht mehr kontrollieren können, was mit ihnen geschieht, sobald sie eingefangen und gehalftert sind. Kameliden sind Gewohnheitstiere und alles, was von der täglichen Routine abweicht oder neu und unbekannt ist, wird als potentielle Gefahrenquelle wahrgenommen und mit entsprechendem Verhalten bedacht. Das kann ein Regenschirm sein, der Weigerungsverhalten auslöst, ein Spaziergänger mit Hund oder ein fremder Geruch. Nicht immer ist nachvollziehbar, warum die Tiere manchmal etwas nicht wollen.

Zum Thema Treiben gehört es auch, über die Individualdistanz oder, wie man es bei Fluchttieren nennt, die Fluchtzone zu sprechen. Gerade Kinder, die durch Verhaltensstörungen auffallen, haben Mühe Individualdistanzen zu respektieren. Viele von ihnen haben übergriffiges und distanzloses Verhalten vonseiten Erwachsener erlebt und erfahren beim Erlernen des Umgangs mit den Tieren vielleicht zum ersten Mal, dass auch sie ein Recht darauf haben, zu bestimmen, wie viel Nähe sie zulassen wollen.

Bei der freien Begegnung und beim Treiben zeigen die Tiere deutlich, wie groß der persönliche Bannkreis ist. Sobald dieser Bereich betreten wird, weichen die Lamas zurück und bewegen sich in eine „menschenfreie" Richtung.

Beim Treiben werden die Kameliden durch bewussten Einsatz von Körpernähe in eine bestimmte Richtung geleitet. Dabei werden die Arme ausgestreckt, damit die Richtung, in die sich die Tiere nicht bewegen sollen, möglichst wirkungsvoll blockiert wird. Als Hilfsmittel können in diesem Zusammenhang auch Gerten benutzt werden, die als Verlängerung der Arme dienen. Die Kinder und Jugendlichen lernen, welche Wirkung ihre Körpernähe auf die Lamas und Alpakas hat und entwickeln ein Bewusstsein für körperliche Präsenz und dafür, welcher Abstand angenehm und welcher unangenehm ist. Sie erspüren die Grenzen, die die Lamas setzen und denken über ihre eigenen Grenzen nach.

TIPP

Durch Beobachtung wissen Kameliden auch um die Reichweite der Menschen, wenn sie ihre Arme ausstrecken. Ebenso können sie einschätzen, in welche Richtung Menschen die Arme bewegen können und in welche Richtung Menschen gehen wollen. Danach richten Kameliden ihre Orientierung für die Suche nach einem Fluchtweg aus.

Die Regeln für das Treiben werden durch das natürliche Herdenverhalten der Kameliden bestimmt und nicht durch Regeln, die willkürlich von Erwachsenen aufgestellt wurden. Auf diese Weise ergibt es sich, dass die Pädagogin gemeinsam mit den Kindern Regeln einhalten muss, damit sich ein gemeinsamer Erfolg einstellt.

Die wichtigsten Regeln für das Treiben von Kameliden nennt Marty McGee Bennett in ihrem Kameliden-Kompendium (McGee Bennett 2006, Kap. 4):

1. **Kameliden halten zusammen:** sie flüchten gemeinsam. Man muss sich also hinter das am weitesten von der Herde entfernten Tier begeben, um von dort mit dem Treiben zu beginnen, indem man langsam von hinten auf dieses Tier zugeht.
2. **Die Herde niemals auf einen anderen Menschen zutreiben:** sonst verteilt sie sich in alle Richtungen, weil der Fluchtweg nicht sicher („menschenfrei") ist und man muss von vorne anfangen.
3. **Die Herde ist eine Einheit:** Das hintere Ende ist das letzte Tier. Die Augen der Herde sind die Augen des Leittieres.
4. **Ruhig treiben:** Niemals die Tiere provozieren, schneller als im leichten Trab zu laufen. Dies wäre respektlos. Die Kameliden können dann panisch reagieren und verlieren das Vertrauen in den Menschen.
5. **Um eine Herde anzuhalten oder in eine andere Richtung zu treiben, muss man sich neben oder vor das Leittier begeben:** sonst spaltet sich die Herde wahrscheinlich.
6. **Beim Treiben niemals nach Tieren greifen oder sie in eine Ecke ohne Fluchtweg drängen:** Verängstigte Tiere reagieren panisch und unvorhersehbar. Dann springen sie über Zäune und rennen Menschen um.

Abb. 13: Das Treiben beginnt hinter dem letzten Tier

Respektvolles Verhalten würdigen Kameliden, indem sie sich zunehmend vertrauensvoller zeigen, anstatt ihre Fluchtzone zu vergrößern. Ängstliche Tiere bemerken es z. B., wenn man darauf achtet, nicht in ihre Fluchtzone zu gelangen, damit sie nicht verunsichert werden.

Die Kinder und Jugendlichen lernen beim Treiben die einzelnen Tiere und ihre Individualdistanz zu respektieren, Regeln einzuhalten und dass es Spaß macht, erfolgreich im Team zu arbeiten.

Die Pädagogin kann auch mit einem Kind zusammen ein Team bilden, wenn die Intervention als 1:1-Situation stattfindet.

Möchte man nun einzelne Tiere aussortieren und zum Halftern in den Catchpen treiben, ist es besonders wichtig, genau darauf zu achten, wie und wohin man sich bewegt, denn Regel 1 „Kameliden halten zusammen!" wird hier noch einmal sehr deutlich. Es scheint, als ob die Lamas aneinander kleben und das Trennen der Tiere ist oft nicht möglich. Dann ist es einfacher, mehrere Tiere in den Catchpen zu treiben und die überzähligen wieder herauszulassen.

Abb. 14 und 15: Das Treiben in den Catchpen

Manche Kameliden scheinen sich auf gemeinsame Spaziergänge zu freuen und gehen erwartungsvoll von selbst in den Catchpen, wenn sie ihr Halfter erblicken. Andere wiederum bleiben einfach stehen und bewegen sich weder vorwärts noch rückwärts. Ängstliche Tiere sind nervös und versuchen zu flüchten oder rennen in den Catchpen. Einigen Kameliden scheint es Spaß zu machen, Menschen auszutricksen und im letzten Moment ein Schlupfloch zu nutzen, um zu entkommen.

Auf diese Weise lernen die Kinder und Jugendlichen beim Treiben und Aufhalftern die unterschiedlichen Charaktere der Tiere kennen. Meistens gibt es ein Tier, das sie besonders in ihr Herz schließen. Um die Gunst dieses Tieres bemühen sie sich dann besonders und nehmen

Abb. 16: Anlegen des Halfters im Catchpen

Rat und Hilfestellung für den Umgang mit den Kameliden gerne an. Nicht selten wird ein Lama oder Alpaka ausgesucht, das sich ängstlich oder widerspenstig zeigt und viel Einfühlungsvermögen fordert.

4.4 Das Halftern und Führen

Übungen zum Halftern und Führen (Mc Gee Bennett 2006) von Kameliden bergen ein großes methodisches Potential für die Förderung von Sozialkompetenz. Lernziele wie

- angemessene Kraftdosierung,
- Verbesserung der Wahrnehmung,
- Perspektivübernahme,
- Empathiebereitschaft,
- Impulskontrolle,
- Verantwortung für andere übernehmen,
- Gefühle wahrnehmen und benennen,

können mit diesen Übungen verfolgt werden.

Abb. 17: Führübungen …

Abb. 18: … in Partnerarbeit

Kinder und Jugendliche, die lernen wollen, ein Lama oder Alpaka zu halftern und zu führen, sollten zuerst ein paar „Trockenübungen" machen, um die Handgriffe für das Anlegen des Halfters zu beherrschen und ein Gefühl für die richtige Dosierung der Zugkraft beim Führen der Tiere zu entwickeln, bevor am Tier geübt wird.

Die Übungen werden in Partnerarbeit durchgeführt, d. h. die Kinder oder Jugendlichen legen sich gegenseitig das Halfter an und führen sich gegenseitig (Abb. 17, 18).

Es entsteht dabei die Perspektive des Führenden (Mensch) und die des Geführten (Lama/Alpaka).

- **Der Führende übernimmt Verantwortung:** Er muss das Halfter behutsam anlegen und mit leichtem Zug führen. Er muss die Perspektive des Geführten einnehmen und sich überlegen, wie er führen muss, um dem Übungspartner nicht weh zu tun, auch wenn dieser kamelidentypisches Verweigerungsverhalten probt.
- **Der Geführte ist dem Führenden ausgeliefert:** Er muss sich auf den Führenden verlassen und ihm vertrauen. Er lernt die Perspektive des Lamas/Alpakas kennen. Er kann die Rolle des Lamas/Alpakas spielen und auch mal ziehen, zerren, springen oder verweigern. Er wird erfahren, wie unangenehm sich plötzliche und ruckhafte oder zu kräftige Führsignale auswirken.

TIPP

Beim gegenseitigen Halftern spürt man die direkte Nähe des Übungspartners und auch bei den Führübungen sind beide Partner direkt miteinander verbunden. Nicht jeder kann und möchte diese Nähe zulassen. Wenn ein Kind diese Übung verweigert, sollte dies respektiert werden. Vielleicht willigt es ein, mit der Pädagogin zu üben oder mit einem anderen Menschen, der vertrauter ist.

Kameliden, die die Mitarbeit verweigern und sich nicht führen lassen, reagieren auf Zug an der Führleine mit Gegenzug. Wenn ein Führender in dieser Situation den Zug verstärkt, wird auch das Lama den Gegenzug erhöhen und dabei mit ganzem Körpereinsatz arbeiten. Es wird klar, dass man hier mit Gewalt nicht weiterkommt.

TIPP

In der Praxis zeigt sich, dass die führenden Personen trotzdem, dem Motto: „Viel hilft viel" entsprechend, immer stärker an dem Führstrick ziehen. Damit diese Form von Gewalt gar nicht erst praktiziert wird, gibt es auch hierzu eine Übung, die deutlich macht, dass Ziehen bzw. noch mehr Ziehen, keine Lösung ist.

Bei dieser Übung kann gespürt werden, wie Zug Gegenzug erzeugt, indem ein Übungspartner den Mensch darstellt und ein Seil um die Hüften des Gegenübers, der das Lama oder Alpaka spielt, legt und dann mit beiden Händen die Seilenden festhält (Abb. 19). Sobald der „Mensch" mit dem Seil Signale gibt, die beim „Lama/Alpaka" Bewegung hervorrufen sollen, soll dieses sich widersetzen. Wenn der „Mensch" nun ununterbrochen am Seil zieht, wird das „Tier" den ganzen Körper für den Widerstand einsetzen und sich nach hinten lehnen, bis starker Zug auf dem Seil ist.

Für die führende Person („Mensch") kann es schwer werden, das Seil und damit den Übungspartner zu halten. Manche haben Sorge, den Übungspartner fallen zu lassen. Dieser kann wiederum die Erfahrung machen, dass er nicht fallen gelassen wird, obwohl er sich (in der Rolle des Kameliden) widersetzt.

TIPP

Wichtig ist es bei dieser Übung aufeinander zu achten, damit das Gewicht der Person, die das Tier darstellt nicht doch zu schwer wird. Bei ungleichen Partnern sollte sichergestellt werden, dass das „Tier" im Falle eines Falles weich fällt oder aufgefangen wird.

Ebenso wie bei den Führübungen wird auch bei dieser Übung deutlich, wie stark die Signale der führenden und lenkenden Person durch den Führstrick an das Tier weitergegeben werden. Hier wird klar, dass aus Perspektive der Kameliden nur ganz leichte Führbewegungen notwendig sind, um ein Signal zu geben. Dieses Wissen ist wichtig, wenn über das Verweigerungsverhalten der Tiere nachgedacht wird und überlegt wird, wie ein Lama oder Alpaka ohne Gewaltanwendung zum Mitgehen motiviert werden kann.

Abb. 19: Zug erzeugt Gegenzug

Im Anschluss der Übungen wird das Erlebte besprochen. Z.B. indem die Fragen: „Worauf hast du als Führender besonders geachtet?", „Wie hast du dich gefühlt, als am Führstrick gezogen wurde?", „Hattest du Sorge, deinem Übungspartner weh zu tun?" usw. erörtert werden.

4.5 Auf dem Hindernisparcours

Am Anfang ist es am günstigsten, mit Kameliden zu arbeiten, die dem Kumpeltyp entsprechen, sich leicht in den Catchpen geleiten lassen und die Arbeit auf dem Hindernisparcours kennen. Durch ihre hohe Stresstoleranz sind diese Tiere sichere Begleiter bei den ersten Spaziergängen und sie suchen nicht gleich das Weite, wenn der Führstrick losgelassen wird. Trotzdem müssen auch diese Tiere sorgsam und konsequent geführt werden, sodass sie für Anfänger eine passende Herausforderung bieten.

Bei der Arbeit auf dem Hindernisparcours können die Kinder und Jugendlichen ihre Führungsqualitäten verbessern. Hierbei muss genau auf das Tier geachtet werden und der Aufbau einer mentalen Verbindung, zusätzlich zur Verbundenheit durch den Führstrick, ist vorteilhaft und bei manchen Tieren erforderlich. Wenn die Körperhaltung, die Gedanken und, soweit möglich, auch die Gefühle des Menschen auf die Hindernisbewältigung konzentriert sind, ergibt sich ein sicherer, zielgerichteter Körperausdruck, der der Angst der Kameliden vor Unbekanntem entgegenwirkt, und sie vertrauen sich der menschlichen Führung an. Dann können Mensch und Tier eine Einheit bilden und es entsteht eine fließende Leichtigkeit, die sichtbare und unsichtbare Blockaden und Hindernisse überwinden lässt (Abb. 20). Dann kann sich auch auf Zuschauer das Gefühl von Mühelosigkeit und gegenseitigem Vertrauen übertragen. Die hohe Konzentration und die Verbundenheit zum Tier sowie die Aufgabe, die den Menschen ganzheitlich erfasst und fordert, lassen keinen Platz für störende Gedanken oder Sorgen.

Abb. 20: Auf dem Hindernisparcours

Flow-Erleben beim Üben auf dem Hindernisparcours ist oft der Lohn für Anfangsschwierigkeiten, denn die Lamas und Alpakas sind nicht immer leicht davon zu überzeugen, durch einen Flattervorhang, einen Reifen oder über eine Brücke, Hindernisstangen oder Wippe zu gehen. Kinder mit Aufmerksamkeits- und Konzentrationsschwierigkeiten profitieren besonders bei Übungen auf dem Hindernisparcours. Sie zeigen hierbei oft mehr Durchhaltevermögen als man ihnen zugetraut hätte. Das Verhalten der Kameliden gibt diesen Kindern und Jugendlichen direkt Auskunft über Erfolg oder Misserfolg und wortreiche Erklärungen und Belehrungen sind überflüssig. Die Kinder lernen schnell selbst einzuschätzen, was sie verändern müssen. Die Tiere lehren es, vorwurfsfrei, ohne Belehrungen und ohne zu werten.

EXKURS

Mit Flow wird vom Psychologen Mihaly Csikszentmihalyi eine besondere Form des Glücks beschrieben, bei der ein Mensch psychische Energie für ein herausforderndes Ziel einsetzt und mit voller Hingabe auf sein augenblickliches Tun konzentriert ist. In solchen Momenten verschwindet die Sorge um das Selbst aus dem Bewusstsein. Sein, Handeln, Zeitgefühl und Umgebung verschmelzen miteinander und führen zu einem neuen Gefühl der Komplexität, das als die Empfindung tiefer Freude beschrieben wird.

Hat ein Kind die Herausforderung angenommen, ein ängstliches oder unkooperatives, widerspenstig erscheinendes Tier zu trainieren, entwickelt sich eine große Bereitschaft, Verantwortung zu übernehmen. Für ihr neues Ziel zeigen die jungen Menschen erstaunliche Fähigkeiten. Durchhaltevermögen, Frustrationstoleranz, Impulskontrolle und Konzentrationsfähigkeit steigern sich oft zusehends. Obwohl die Kameliden immer wieder Grenzen aufzeigen und somit Rückschläge und Stagnationen verkraftet werden müssen, die die aktive Begleitung durch die Pädagogin erforderlich machen, halten die jungen Menschen meistens an ihren selbst gesteckten Zielen fest. Sie lernen dabei nicht aufzugeben und den gewaltlosen Umgang mit Problemen.

Vor allem langfristig angelegte Projekte und Maßnahmen ermöglichen es, dass Kinder und Jugendliche ernstzunehmende Kamelidenexperten werden, von denen auch erfahrene Kamelidenhalter noch lernen können. Denn Kinder sind sehr gute Beobachter und verstehen die Lamas und Alpakas manchmal besser als Erwachsene. So finden sie z. B. Zusammenhänge heraus, die sonst verborgen bleiben.

Gemeinsame Stallarbeit, gemeinsames Training und gemeinsames Durchführen von Pflegemaßnahmen sowie der gleichberechtigte Austausch über

Trainingsmethoden und das Wohlergehen der Tiere, bewirken einen partnerschaftlichen Umgang, frei von hierarchischen und autoritären Strukturen. Diese Art der Anerkennung und des Respekts lässt das Selbstbewusstsein der jungen Menschen wachsen.

Ziel eines Projektes könnte z. B. die Teilnahme an einem der Trekking- oder Hinderniswettbewerbe sein, die mehrmals jährlich im Rahmen von Ausstellungen und Shows stattfinden.

Hindernisse können auch innerhalb eines Projekts selbst gebaut und gestaltet werden.

4.6 Erlebnispädagogische Aktivitäten für Kinder ab 6 Jahren

Lang nennt die acht Grundthemen, die für Kinder im Grundschulalter aktuell sind (Lang 2013). Diese sind mit Erlebnis- bzw. Abenteuerwelten verknüpft und haben für Kinder dieses Alters große Bedeutung. Sie werden in diesem Kapitel näher vorgestellt. Dabei wird darauf eingegangen, wie Neuweltkameliden als Begleittiere dazu beitragen können, diese Themen bei erlebnispädagogisch orientierten Aktivitäten zu berücksichtigen.

1. Jäger und Sammler: Besonders Jungen haben oft den Wunsch zu jagen und zu fangen. Dieses Bedürfnis wird beim Treiben, Einfangen und Aufhalftern der Tiere direkt berücksichtigt. Bei Wanderungen durch die Natur kann man mit verschiedenen Aufgaben und Spielen, z. B. Tierspuren verfolgen, Räuber und Polizist, Schnitzeljagd, dem Jagdbedürfnis nachkommen.

TIPP

Räuber und Polizist: *Eine Gruppe bildet die Räuber und wird von der Polizistengruppe verfolgt. Jede Gruppe wird von mindestens einem Erwachsenen und zwei Lamas, die z. B. Getränke und Picknick tragen, begleitet. Die Räuber müssen Spuren hinterlassen, denen die Polizisten folgen können. Die Polizisten müssen die Räuber innerhalb einer bestimmten Zeit in ihrem Versteck aufgespürt haben, um zu gewinnen.*

Die Sammelleidenschaft kann durch das Sammeln von Naturmaterialien, Früchten oder Steinen berücksichtigt werden. Das Gesammelte wird von den Lamas getragen.

Abb. 21: Lama mit Packsattel und Packtaschen

2. Sich ein eigenes Haus bauen: Dies ist für Kinder ein archaisches Bedürfnis und hat große Bedeutung. Im Wald kann Baumaterial gesammelt werden, das entweder von den Lamas oder einem Bollerwagen o. Ä. transportiert wird. Aus Ästen und Blättern können kleine Schutzhütten gebaut werden, die man bei Wanderungen immer wieder aufsuchen kann. Es kann auch im Wald gezeltet werden (hierfür ist allerdings zuvor das Einverständnis des Försters einzuholen). Für die Lamas muss dann gegebenenfalls ein Weidezaun aufgebaut werden. Auch das Errichten eines Tipis kommt diesem Bedürfnis nach.

3. Pflegen und Hüten: Diesem Bedürfnis kann bei allen Pflege- und Fütterungsmaßnahmen der Tiere nachgekommen werden. Ebenso beim Abstecken der Weiden und bei der Heuernte. Auch das Pflegen von Pflanzen und Naturschutzaufgaben gehören zu diesem Themenbereich.

4. Entdecken und Erfinden: Kinder wollen das innere und äußere Leben erkunden. Im Rahmen der Erlebnispädagogik mit Lamas und Alpakas können bei Spaziergängen im Wald Tiere entdeckt und beobachtet werden. Das einfache Leben in der Natur kann nachgeahmt und Hilfsmittel aus früheren Zeiten dabei neu gefunden werden.

5. Handwerk und Handel: Hier ist richtiges Handwerken und Herstellen gemeint (nicht Basteln), wie Sägen, Schnitzen und Töpfern. Im Wald können Materialien gesammelt werden, aus denen anschließend etwas hergestellt

Abb. 22: Unterwegs

wird, wie z. B. Löffel oder Flöten schnitzen, Pfeil und Bogen bauen. Da Lamas und Alpakas geschoren werden, können sich die Kinder in der Lamaschur üben. Die Wolle kann dann verarbeitet werden, was verschiedene handwerkliche Arbeitsgänge umfasst, wie z. B. die Wolle säubern, spinnen oder filzen. Es entstehen „echte" Produkte, die auf Flohmärkten oder dem Schulbasar verkauft werden können. Es können auch Tauschgeschäfte vollzogen werden, z. B. geschnitzter Holzlöffel gegen gefilztes Sitzkissen.

6. Freundschaften, Gruppen und Banden: Die Grundformen menschlichen Zusammenlebens werden hier erlernt und erfahren. Bei Gruppenaktivitäten mit Begleitung von Lamas und Alpakas ist Zusammenarbeit und Kooperation wichtig. Zwei bis drei Kinder übernehmen die Verantwortung für ein Tier und fangen, halftern und bürsten es gemeinsam. Beim Wandern wird abwechselnd geführt. Auf dieser Basis können Wettkämpfe (Geschicklichkeit, Orientierung), Spiele und Sammeln (Pilze, Holz usw.) erfolgen. Durch das gemeinsame Erleben entstehen Freundschaften oder werden gefestigt. Arbeitsteilung, sich aufeinander verlassen können und aufeinander Rücksicht nehmen, sind zur Aufgabenbewältigung erforderlich.

7. Körpererfahrungen: Gehen, Rennen, Klettern usw. sind bereits erlernt. Neue Bewegungsarten wie Radfahren, Schlittschuhlaufen oder Stelzenlaufen sind nun interessant. Zu den Körpererfahrungen gehören aber auch Pfeifen, Rülpsen, Schnipsen und Schielen. Übungen zum Erlernen des Lamahalfterns und -führens vermitteln Körpererfahrungen im Bereich der Balance und des Spürens von Zug und Gegenzug.

Unterwegs im Wald kann der Schleichgang geübt werden. Der Schleichgang soll die lautlose Fortbewegung im Wald ermöglichen (z. B. um Tiere nicht zu verscheuchen). Dabei wird immer nur eine halbe Fußlänge vor die andere gesetzt und der Fuß nach dem Aufsetzen der Fußspitze seitlich abgerollt.

Beim Trainieren auf dem Hindernisparcours werden die eigenen Bewegungen auf das Miteinander mit dem Tier abgestimmt, was die Koordinations- und Konzentrationsfähigkeit fördert.

8. Fantasiewelten: Der Wald ist ein geeigneter Ort, um Fantasiewelten ausleben zu können. Unterwegs, innerhalb des vorgegebenen Rahmens einer Lamawanderung sind viele Möglichkeiten gegeben, Geschichten zu erfinden, zu erzählen und nachzufühlen (Abb. 22).

4.7 Lamatrekking

„Das Gehen ist der Maschinist der Seele."
(Peter Handke nach Heckmair/Michl 2018, 182)

Größere, mehrtägige Wanderungen sollten vor dem offiziellen Start von der Projektleiterin und den pädagogischen Begleitpersonen als „Generalprobe" durchgeführt werden, um die Strecke, die Tiere und die Ausrüstung kennenzulernen. Unliebsamen Überraschungen, die aufgrund von Fehleinschätzungen bei der Durchführung große Probleme bereiten könnten, wird so vorgebeugt und Besonderheiten der Strecke und der Tiere können in die Zielsetzung der Maßnahme eingearbeitet werden, sodass individuelle Aspekte noch besser berücksichtigt werden können.

Vor einer Trekkingtour sollten die Teilnehmer die Lamas kennenlernen und mit Fertigkeiten wie Halftern, Führen, Packsatteln vertraut gemacht werden. Eine zweitägige Schnuppertour kann sich zum Einstieg als vorteilhaft erweisen, um die Leistungsfähigkeit der Teilnehmer besser einschätzen zu können.

Die gewissenhafte Vorbereitung ist immer wichtig, denn durch unplanbare Faktoren wie Wetter, Verhalten der Tiere, gruppendynamische Entwicklungen und unvorhergesehene Ereignisse, ist genügend „Erlebnispotential" vorhanden.

Der Weg ist beim Trekking ebenso wichtig wie das Ziel, denn man braucht ein Ziel, um einen Weg zu haben. Den Weg braucht man, um sich in Bewegung zu setzen und in Bewegung zu bleiben. Wer sich in Bewegung setzt, wird:

- Möglichkeiten entdecken,
- Erfahrungen machen,
- Misserfolge und Hindernisse überwinden,
- Erfolge erleben,
- Entscheidungen treffen und handeln,
- loslassen und zurücklassen,
- sehen und gesehen werden,
- Ziele setzen und in Bewegung bleiben.

Alle Teilnehmer sind aktiv beteiligt und für Erfolge und Misserfolge gleichermaßen verantwortlich. Jede Person im Gruppensystem ist gleich wichtig, so wichtig, wie die Gruppe selbst. Ist ein Teilnehmer langsam, ist die ganze Gruppe langsam. Ist jemand schlecht gelaunt und unzufrieden, kann sich diese Stimmung auf die ganze Gruppe übertragen.

Auch bei hoher Motivation, die Strecke zu schaffen, sind äußere Faktoren wie anstrengende Streckenabschnitte, Hitze, Kälte, Regen, Insekten, unkooperative Lamas, Probleme mit der Ausrüstung und innere Faktoren, wie Hunger, Durst, Müdigkeit, Heimweh, schmerzende Füße, Ängste und Gruppenkonflikte oft eine harte Probe für das Durchhaltevermögen. Die Wanderer müssen immer wieder „die Zähne zusammenbeißen" und etwas aus- und durchhalten, was sie unter Alltagsumständen womöglich verweigert hätten.

Während einer Tagesetappe bewegen sich die Jugendlichen Schritt für Schritt auf ein Ziel zu. Sie meistern Hindernisse und schwierige Situationen. Sie wachsen mit jedem Erfolg geistig und körperlich und gewinnen so an Seelenstärke und Widerstandskraft (Resilienz).

Das Erreichen der persönlichen Leistungsgrenze ist in der Erlebnispädagogik oft ein angestrebtes Lernziel. Es überrascht die Teilnehmer meistens, wie leistungsfähig sie sind und es stärkt das Selbstbewusstsein nachhaltig, wenn sie etwas schaffen, was sie sich selbst nicht zugetraut hätten.

TIPP

Eine Überforderung des Einzelnen muss aber unbedingt vermieden werden, deswegen ist es erforderlich, möglichst genau zu prüfen und einzuschätzen, wie leistungsfähig jeder Teilnehmer ist. Dies ist auch ausschlaggebend für die Zusammensetzung der Gruppe.

Bei Tageswanderungen können die Teilnehmer vorab üben, ihre individuelle Geschwindigkeit herauszufinden. Um die eigenen Kräfte möglichst effektiv einzusetzen, ist es hilfreich, einen eigenen Rhythmus zu finden, bei dem Atmung und Bewegung harmonisieren (Heckmair/Michl 2018). Auch die Lamas tragen zur Konzentration auf Bewegung und Körperwahrnehmung bei und es ist oft zu beobachten, dass Mensch und Lama im Gleichschritt nebeneinander hergehen. Diese Art der Fortbewegung nimmt häufig meditativen Charakter an und ermöglicht Flow-Erleben. Die bewusste Auseinandersetzung mit Atmung und Bewegung verhilft den Jugendlichen zu einer realistischen Einschätzung ihres Leistungsvermögens.

Bei Wanderungen und Tagestouren werden schlecht gelaunte, jammernde, sich verweigernde Jugendliche „irgendwie“ mitgeschleppt und können der ganzen Gruppe die Laune verderben. Bei einer Trekkingtour werden die pädagogischen Begleitpersonen konsequent entscheiden, dass ein Teilnehmer das Trekking abbrechen muss, wenn er nachhaltig gegen Regeln verstößt, ein Maß an Rücksichtnahme einfordert, das den anderen nicht zumutbar ist oder in Kauf nimmt, dass die ganze Gruppe, zu der auch die Tiere zählen, Gefahren ausgesetzt ist. Diese klare Haltung zeigt eine deutliche Grenze auf, die einschränkt, aber auch Sicherheit vermittelt. Jugendliche, die an einer Trekkingtour teilnehmen, erkennen meistens schon während der Vorbereitungsphase, dass sie genau wie alle anderen ihren Beitrag für das Gelingen des Projektes leisten müssen.

Die bestehenden Regeln und Aufgabenverteilungen entstehen durch den Rhythmus eines Trekkingtages, der sich aus Aufbruch, Unterwegssein und Ankommen zusammensetzt. Dadurch sind die Regeln für jeden Trekkingteilnehmer nachvollziehbar. Hieraus entsteht das Gefühl, persönlich verantwortlich zu sein und die Motivation, sich angemessen zu verhalten. Die Konsequenzen des eigenen Handelns sind immer direkt spürbar. Wer z. B. den geplanten Ablauf verzögert und stört, verursacht, dass alle das Etappenziel später erreichen und in der Dunkelheit das Lager aufbauen müssen.

Bei der Planung sollten Möglichkeiten, die die Jugendlichen an Entscheidungen beteiligen, einbezogen werden. Z. B., ob der längere, aber angenehmere Weg, der zu dem schönen Aussichtspunkt und am See vorbeiführt genommen werden soll, oder der kürzere Weg, der mehr Zeit zum Ausruhen ermöglicht. Durchsetzungsfähigkeit, vorausschauendes Denken, aber auch das Akzeptieren und Mittragen fremder Entscheidungen wird hier gelernt.

Beim Lamatrekking gibt es verschiedene Aufgaben, die bewältigt werden müssen:

- Die tägliche Suche nach einem geeigneten Platz für das Nachtlager,
- der Koppelbau für die Lamas,
- der Zeltaufbau,
- das Feuerholz sammeln und
- die Essenszubereitung.

Jeder ist für „sein" Lama und die transportierte Ausrüstung verantwortlich.

Die jungen Menschen, von denen viele im Alltag seelischen Mangel erleiden und manche auf der anderen Seite materiellen Überfluss erleben, erhalten ein Gefühl von dem, was für sie existenziell wichtig ist und was als überflüssig angesehen werden kann. Sie wundern sich oft darüber, wie wenig man braucht und wie wichtig Gemeinschaft ist. Materielle Ängste reduzieren sich angesichts der Erkenntnis, dass man auf viele Dinge verzichten kann, ohne existenziellen Mangel zu spüren. Bequemlichkeiten und Gewohnheiten, auf die in der Natur verzichtet werden müssen, erhalten neue Wertschätzung.

Eine immaterielle Bereicherung sind die intensiven Naturerfahrungen. Durch das Trekking werden die Teilnehmer mit den vier Elementen Feuer, Wasser, Erde und Luft konfrontiert. Sein, Handeln und Wandeln in der Natur kann durch den Kontakt mit den Elementen zu innerem Gleichgewicht führen.

Archetypische und metaphorische Dimensionen werden erlebbar. Konkrete Handlungen, Erlebnisse, Verhaltensweisen und auftauchende Phänomene mit archaischer Bedeutung gewinnen, durch die Ursprünglichkeit des Lebens in der Natur, wieder an Raum und Energie. „Menschen zeigen sich bei energetischen Erfahrungen oft tief berührt und bewegt. Es entsteht eine Verdichtung der Intensität und bisweilen eine Kristallisation transzendenter Information (Morphische Resonanz). In Prozessen markieren diese Momente oft Meilensteine der Entwicklung, Dreh- und Angelpunkte des Lernens." (Zuffellato/Kreszmeier 2007, 187).

Die zu bewältigenden Aufgaben beim Trekking bestehen aus bewussten und unbewussten Elementen des Handelns. Dadurch entsteht ein Zusammenspiel von Bewusstsein und Archetypen. Archetypen sind, nach C.G. Jung, im kollektiven Unbewussten angesiedelte Grundmuster, die seelische Vorgänge anordnen und die ausschlaggebenden Faktoren der unbewussten Psyche darstellen (Jung 2001a).

Mit dem kollektiven Unbewussten meint C.G. Jung den, bei allen Menschen identischen, allgemeinen und angeborenen Teil der Psyche der grundlegende Inhalte überpersönlicher Natur enthält. Im Gegensatz dazu beschreibt er das persönliche Unbewusste, dem er die erworbenen und individuellen Anteile des Unbewussten zuordnet (Jung 2001b).

Nach Zuffellato und Kreszmeier sind Archetypen offen für individuelle und immer wieder neue Ausdeutungen und Erscheinungsformen, da sie in ihrer Urform nicht sichtbar werden, sondern in spezifischen Ausprägungen (Zuffellato/Kreszmeier 2007). Zu den archetypischen Handlungen, die beim Lamatrekking bewusst ausgeführt werden und Unbewusstes, das den seelischen Urbildern entspricht, berühren, zählen: Holz sammeln und Feuer machen, Wasser tragen, Lager errichten, Essen über offenem Feuer zubereiten, die Versorgung sowie das Beladen und Führen der Lamas.

Zu den archetypischen Orten, an denen Naturerfahrungen gemacht werden können, gehören: Berg, Wüste, Meer, Höhle, Wald, Fluss und See (Zuffellato/Kreszmeier 2007). Der Mutterarchetypus könne sich in der Natur z. B. als Erde, Wald, Höhle, Meer oder hilfreiches Tier darstellen (Jung 2001b).

Alle mythisierten Naturvorgänge, wie Sommer und Winter, Mondwechsel, Regenzeiten usw. stellen nach C. G. Jung symbolisch das innere und unbewusste Drama der Seele dar, das sich in den Naturereignissen spiegelt und so dem menschlichen Bewusstsein fassbar wird (Jung 2001b).

Um metaphorische und symbolische Aspekte der Erlebnispädagogik unterwegs mit einzubeziehen, können Naturmaterialien gesammelt werden, denen eine bestimmte Bedeutung zugeschrieben wird. Naturmaterialien, die beispielsweise etwas symbolisieren, was der junge Mensch „hinter sich lassen" möchte. Nachdem der Gegenstand als „Belastung" eine Zeit lang mitgeführt wurde, kann man sich symbolisch von der Last befreien und sie am Wegesrand zurücklassen, damit man sich zeitlich und räumlich von ihr entfernen kann. Auch komplexeren Gefühlszuständen, Visionen oder Wünschen können mit Hilfe von Steinen, Blättern, Ästen, Tannenzapfen, Moos oder Rinde Gestalt gegeben werden um latentes Inneres im Äußeren zu manifestieren und so bewusst zu machen.

Unterwegs gibt es viele Zeichen, die impulsiv als Metapher erkannt werden. Ein umgestürzter Baum, der den Weg blockiert und mit den bepackten Lamas übersprungen werden muss, gleicht den Hürden des Lebens, an die man vielleicht gerade gedacht hat; ein Bachlauf, der an den eigenen Lebenslauf erinnert; ein Hase, der plötzlich in der Dämmerung aufspringt und flüchtet, passt zu der eigenen aktuellen Empfindung von Angst in der Dunkelheit; das Gewitter, das sich gerade zusammenbraut, entspricht der aggressiven Stimmung in der Trekkinggruppe usw. Ohne die übliche Ablenkung des Alltagslebens ist die Wahrnehmungsfähigkeit für den natürlichen Reichtum an Phänomenen, wie Koinzidenzen (gleichzeitiges Auftreten mehrerer Phänomene), insbesondere in Form von Synchronizitäten, stark erhöht. Der von C. G. Jung geprägte Begriff der Synchronizität steht für das zeitliche Zusammentreffen zweier oder mehrerer nicht kausal aufeinander bezogener Ereignisse, die sich als sinngemäße Parallelen äußerer Ereignisse und psychischer Zustände darstellen (Jung 2001a). Sie enthalten oft wichtige Zeichen und Impulse für die Selbstdiagnose und Lösungsfindung von Problemen. „Die Synchronizität bekommt Sinn und Wirkung erst durch die Bedeutungsgebung durch den Menschen und ist somit in erster Linie auch ein subjektives und konstruiertes, nichtsdestotrotz aber ein sehr kraftvolles Phänomen." (Zuffellato/Kreszmeier 2007, 157).

So kann das Überwinden des vorangehend genannten umgestürzten Baumes zwar Probleme bereiten, wird aber letztendlich, vielleicht mit gegenseitiger Hilfe innerhalb der Gruppe, bewältigt. Dieses Erlebnis kann beim Transfer in das Alltagsleben von großer symbolischer Bedeutung sein und künftig sogar als Resilienzfaktor wirken, denn es bleibt die Erfahrung, dass man Hindernisse überwinden kann und dass es sich lohnt, um Hilfe zu bitten, bzw. Hilfe anzunehmen.

Der Einsatz dieser sogenannten Impulsmetaphern kann auch überraschend starke unangenehme Gefühle auslösen. Im Umgang mit solchen Impulsen muss mit Ressourcen, Lösungen und positiver Umdeutung gearbeitet werden, damit die wertvollen, richtungweisenden Aspekte, trotz vielleicht negativer Attribution verdeutlicht und erkannt werden. Wird z. B. das genannte Beispiel wie folgend gedeutet: „Natürlich war es mein Lama, das nicht über den Baumstamm springen wollte. Immer bin ich diejenige, die Probleme hat und nicht allein damit zurecht kommt!" kann eine positive Umdeutung erfolgen, die auf Ressourcen und Lösungen hinweist wie z. B.: „Du hast sofort erkannt, dass dein Tier mit der Situation überfordert wäre und richtig reagiert, indem du die Gruppe um Hilfe gebeten hast. Das zeigt, dass du Situationen realistisch einschätzen kannst und verantwortungsbewusst handelst."

Weitere nachhaltige Erfahrungen sind der Verzicht auf die gewohnten Bequemlichkeiten des zivilisierten Lebens, die Medienfreiheit und die ungestört erlebte Einheit von Mensch, Tier und Natur. Der Alltag reduziert sich auf wenige, aber wichtige Dinge. Die tägliche Routine ist einfach und überschaubar. Mit und von der Natur leben, sich den ganzen Tag draußen aufhalten und von Ort zu Ort ziehen, erinnert an die Ursprünge der Menschheitsgeschichte.

Das Miteinander gewinnt eine ungekannte Dimension, und die Qualität des Selbsterlebens erreicht eine ungewohnte Intensität. Der ganze Tag wird mit dem Tier verbracht, was eine Bereicherung und Erleichterung ist, da das Lama das Gepäck trägt, aber auch als große Verantwortung und Verpflichtung empfunden werden kann. Trotz Müdigkeit, Hunger und Erschöpfung müssen zuerst die Lamas versorgt werden, bevor man den eigenen Bedürfnissen nachgehen kann. Dem Tier zuliebe stellen die Jugendlichen die eigenen Belange zurück und lernen ihre Impulse und Gefühle zu kontrollieren.

Beim Lamatrekking ergibt sich ein anderes Rollenerleben als im Alltag, was einen großen Zugewinn an Selbsterfahrung ermöglicht.

Die Leistungsanforderungen sind für alle Trekkingteilnehmer gleich: Jeder hat die gleiche Strecke zu bewältigen und ein Lama zu versorgen, die Wetterbedingungen sind für alle gleich und bei anspruchsvollem Gelände mit schwierigen Passagen sind alle auf gegenseitige Hilfe angewiesen. Dies gilt für die Pädagoginnen genauso, wie für die Jugendlichen und unterstützt die Gleichberechtigung innerhalb der Gruppe. So sollte den Jugendlichen auch hin und wieder die Führungsposition überlassen werden, was bedeutet, die richtigen Wege zu wählen und darauf zu achten, dass keiner zu weit zurückfällt, eventuell auch zu bestimmen, wann und wo gerastet wird, ob das Tempo erhöht werden muss usw.

Die Gruppe bietet Sicherheit, verlangt aber auch Anpassung. Nach systemischen Prinzipien soll dabei aber nicht die Gleichheit gefördert werden, sondern die Individualität, indem die Spezialisierungen und persönlichen Glanzleistungen der Einzelnen im Zusammenspiel der ganzen Gruppe erlebbar werden (Zuffellato/Kreszmeier 2007).

Für das Suchen und Finden des Selbst ist unterwegs auch die Möglichkeit gegeben, sich abzusondern und ein Stück des Weges im Alleingang, nur in Begleitung des Lamas zurückzulegen. Ein kompletter Rückzug ist aber nicht möglich, da die Lamas nicht gerne den Sichtkontakt zu ihren Artgenossen verlieren. Dies verleiht dem Gruppenradius einen natürlichen Rahmen, eine natürliche äußere Grenze. Sinnvoll ist es, sich auf eine Zeichensprache zu einigen, die, auch über Entfernungen hinweg, Kommunikation ermöglicht. Manchmal ist es auch eine Erleichterung, Inhalte, wie: „Ich habe Angst!", „Es tut mir leid!", „Bitte, sei wieder freundlich!", „Ich will allein sein!" durch ein Handzeichen auszudrücken. Wer ein Stück des Weges für sich alleine gehen möchte, braucht dann keine langen Erklärungen abzugeben, sondern nur ein Handzeichen zu machen. Achtung und Beachtung innerhalb der Gruppe erhöhen sich durch solche Kommunikationsformen.

Der Alleingang im Schutz der Gruppe ist eine intensive Methode, die innere Welt zu erforschen und zu aktualisieren. Begleitlamas hören wahrscheinlich so manche Lebensgeschichte und die Teilnehmer haben Gelegenheit, eine tiefe Beziehung zum Tier aufzubauen. Das Tragen des Gepäcks und der anvertrauten Geheimnisse und seelischen Lasten lassen das Tier zum treuen Weggefährten und Verbündeten werden. Die ruhigen erhabenen Bewegungen und die stolze Haltung übertragen sich auf die jungen

Führerinnen und Führer. So mancher Passant wird bewundernd stehen bleiben und nach dem Woher und Wohin fragen. Auf diese Weise wird bewusst, wie viel man schon geschafft hat und die jungen Menschen erfahren Anerkennung von außen.

Diese Art der Anerkennung hat besonders für Jugendliche, die in ihrem Alltag vor allem negative Aufmerksamkeit erhalten, eine ganz besondere Qualität. Sie sind von Stigmata wie „lernbehindert", „verhaltensauffällig", „ADS", „LRS" oder „sozial schwach", die sie in ihrem schulischen und privaten Umfeld mitschleppen, befreit und werden unterwegs als leistungsfähige, kompetente junge Menschen wahrgenommen und angesprochen. Diese Erfahrung vermittelt ihnen vielleicht zum ersten Mal das Gefühl, wer und was sie sein können, wenn sie nicht auf ihre Defizite reduziert werden.

Abends, wenn das Lager und die Einzäunung für die Lamas errichtet und das Essen gekocht ist, trifft man sich am Lagerfeuer. Hier ist Gelegenheit für Gespräche. Erleben, Erinnern und Erzählen stehen dann im Mittelpunkt. Wer möchte, kann über inneres und äußeres Erleben sprechen und die Tageswanderung reflektieren. Es können aber auch Verbesserungsvorschläge für die täglichen Verrichtungen gemacht oder ein aufgekommener Konflikt besprochen werden.

Morgens muss alles wieder abgebaut und sorgfältig in den Packtaschen verstaut werden. Aus Gründen des Naturschutzes ist es wichtig, den Platz so zu hinterlassen, wie man ihn vorgefunden hat. Trekking bietet die Gelegenheit, umwelt- und naturschutzrelevante Themen mit den Jugendlichen zu diskutieren und auf Wegabschneider, sauren Regen, Müll und bleibende menschliche Spuren in der Natur hinzuweisen. Interesse für Natur und Naturschutz kann am besten durch den direkten Kontakt mit der Natur gelernt werden. Lamatrekking ist eine geistige und körperliche Herausforderung,

- die der Ablenkungsvielfalt der Mediengesellschaft die Auseinandersetzung mit den eigenen Gedanken gegenüberstellt,
- die dem Überfluss der Konsumgesellschaft die Genügsamkeit des Lebens in und mit der Natur entgegenhält,
- die den psychischen und körperlichen Belastungen durch das zivilisierte Leben, die heilsame Wirkung von Ruhe und Bewegung in einer natürlichen Umwelt entgegensetzt,
- die der zunehmenden Oberflächlichkeit und abnehmenden Verbindlichkeit gelebter Beziehungen die intensive Auseinandersetzung mit einer Gruppe und die vollständige Verantwortung für ein Lama entgegensetzt.

5 Die Interventions-planung

Bevor eine tierbegleitete pädagogische Intervention stattfindet, muss sie sorgfältig geplant werden. Die Lernziele müssen erarbeitet und festgelegt werden.

Bei der praktischen Durchführung ist dann aber trotzdem ein hohes Maß an Flexibilität gefordert, denn die aktuelle Situation hat immer Vorrang und kann bedingen, dass ein Festhalten an dem geplanten Ablauf unpassend wäre.

Die Planung der Interventionen erfolgt im Hinblick auf ein ausführliches Anamnesegespräch. Dieses Gespräch berücksichtigt z. B. die Umstände der Geburt, die frühe Kindheit, Entwicklungsauffälligkeiten, Krankheiten, besondere familiäre oder sonstige Ereignisse und insbesondere die aktuelle Situation. Vorliegende psychologische oder medizinische Gutachten und Diagnosen sowie bisher stattgefundene Therapien und Interventionen sollten ebenfalls erfragt bzw. besprochen werden.

Alle Besonderheiten müssen berücksichtigt werden, da es wichtig ist, möglichst alle psychischen und körperlichen Überforderungssituationen zu vermeiden. Allerdings ist es, vor allem bei traumatisierten Kindern und Jugendlichen, oft nicht möglich, alle Eventualitäten auszuschalten, die zu unvorhergesehenem Verhalten und Belastungssituationen führen können. Gerade bei erlebnisorientierten Aktivitäten mit Tieren gibt es eine Fülle von Situationen, die für die Klienten zum ersten Mal auftreten und bei denen es nicht absehbar ist, welche Reaktionen ausgelöst werden können. Es muss immer damit gerechnet werden, dass eine Person bei einer Intervention unvorhergesehen reagiert. Diese Tatsache sollte in die Planung mit einfließen. Z. B. kann es sinnvoll sein, dass bei Spaziergängen und Wanderungen eine weitere Person mitkommt, die sich um die Tiere kümmert, falls ein Klient plötzlich die volle Aufmerksamkeit beansprucht.

TIPP

Es muss immer sofort reagiert werden, wenn deutlich wird, dass ein Teilnehmer sich bei einer Aktivität unwohl fühlt oder fühlen könnte. Dann sollte zumindest nachgefragt werden, ob alles in Ordnung ist. Hier ist behutsames Nachfragen wichtig. Das Wort „Angst“ sollte in diesem Zusammenhang möglichst nicht ausgesprochen werden, da dieses Wort Ängste verstärken oder erst hervorrufen könnte.

Aufgrund der Anamnese und vielleicht direkt formulierter Wünsche werden Lernziele festgelegt. Diese können das Verhalten, motorische, sprachliche oder/und seelische Aspekte betreffen. Besonders dann, wenn mehrere Lernziele aus verschiedenen Bereichen formuliert werden, sind handlungsorientierte Maßnahmen sinnvoll, da sie ganzheitlich angelegt sind.

Bei einer Intervention mit Lamas kann es das Lernziel „Verbesserung der Psychomotorik“ geben und gleichzeitig das Ziel „Aufbau des Selbstvertrauens“. Diese Lernziele können mit dem Ziel „Verbesserung des Sozialverhaltens“ kombiniert werden. Ist es für den Klienten förderlich, zusätzlich auch noch Ziele im sprachlichen Bereich zu kombinieren, kann durch bewusste Sprachlenkung interveniert werden. Natürlich ist es nicht immer passend, sich auf mehrere Ziele gleichzeitig zu konzentrieren. Dann ist es sinnvoller, Prioritäten zu setzen und vielleicht über einen längeren Zeitraum hinweg die Gewichtung auf verschiedene Ziele zu verlagern.

Eine Planung, bei der die genannten Ziele gleichzeitig berücksichtigt werden sollen, könnte dann folgendermaßen inhaltlich ausgeführt werden:

Lernziel I: Verbesserung der Psychomotorik
- **Methode:** Übungen auf dem Hindernisparcours

Lernziel II: Aufbau von Selbstvertrauen
- **Methode:** Erfolge auf dem Hindernisparcours

Lernziel III: Verbesserung der Sozialkompetenz
- **Methode:** Das Lama muss respektiert und gewaltlos, aber konsequent auf dem Hindernisparcours geführt werden, sonst wird es nicht kooperieren.

Lernziel IV: Verbesserung der Artikulationsfähigkeit
- **Methode:** Die Übungen auf dem Hindernisparcours werden sprachlich begleitet.

Für die genaue Planung der Intervention werden nun aus den, zunächst eher allgemein formulierten Lernzielen, den sogenannten Fernzielen, Teilziele erarbeitet. Diese werden dann methodisch detailliert ausgearbeitet. Bei dem angeführten Beispiel könnte das folgendermaßen aussehen:

Lernziel I: Verbesserung des Beinhebens, beidseitig

- **Methode:** Baumstamm und Traktorreifen gemeinsam mit Lamawallach Bob überqueren.

Lernziel II: Eine Aufgabe erfolgreich zu Ende bringen

- **Methode:** Freude und Erfolg bei den Übungen Baumstamm (Abb. 23) und Traktorreifen (Abb. 24). Bob kennt die Hindernisse schon und wird sie wahrscheinlich problemlos überqueren, wenn der Führende sich konzentriert und Bob achtsam behandelt.

Lernziel III: Geduld und Durchsetzungsvermögen

- **Methode:** Lamas fordern, dass ihre Art respektiert wird. Bob wird nur kooperieren, wenn der Führende ruhig und deutlich in Wort und Körperausdruck vermittelt, was er von ihm möchte, sonst wird Bob das Überqueren der Hindernisse verweigern bzw. außen herum gehen. Heftiges Ziehen und Zerren am Führstrick sind nicht möglich, da nur der gewaltlose Umgang mit dem Tier erlaubt ist. Konsequenz und Geduld, kombiniert mit sicherer Körperhaltung führen hier zum Erfolg.

Lernziel IV: Verbesserung der Artikulationsfähigkeit bezüglich der Phoneme (gesprochene Buchstaben) „r", „k", und „h".

- **Methode:** Die Bewältigung der Hindernisse wird sprachlich begleitet. Im Fluss der Bewegung werden die Kommandos: „Rein!", „Raus!" beim Reifen, „Zurück!", „Komm!" beim Wenden, „Halt!" und „Hoch!" beim Überqueren des Baumstammes verwendet.

Wichtig ist es, bei der Planung realistische Ziele zu definieren und möglichst viele Zwischenschritte einzuplanen, damit man sich in der praktischen Situation auf das aktuelle Leistungsvermögen des Klienten einstellen kann.

Günstig ist immer ein Spannungsbogen, der zwischen Bekanntem und Vertrautem eine neue, angemessene Herausforderung beinhaltet. Die Planung gibt immer sinnvolle Interventionsschritte als Richtung vor. Sie sollte aber niemals dazu führen, dass Lernchancen, die sich außerhalb der Planung ergeben, ungenutzt oder unerkannt bleiben.

Abb. 23: Baumstamm als Hindernis

Abb. 24: Traktorreifen als Hindernis

Zur Planung einer Intervention wird auch die Dokumentation der vorangegangenen (falls vorhanden) Maßnahme(n) berücksichtigt.

Pädagogische Interventionen werden nicht nur vorbereitet, sondern auch nachbereitet. Die Nachbereitung besteht aus der Dokumentation und der Reflexion. Die Dokumentation beinhaltet den tatsächlichen Ablauf der Intervention. Die Reflexion ist die Auseinandersetzung mit der Qualität und befasst sich z. B. mit den Fragen: Was war gut? Was hätte anders gemacht werden müssen? Inwieweit war die Planung realistisch? Wo und warum wurde von der Planung abgewichen? Wie habe ich mich gefühlt?

Die Durchführung tierbegleiteter Interventionen erfordert höchste Aufmerksamkeit und Konzentration und ist mitunter sehr kräftezehrend. Deshalb sollte die Pädagogin oder Therapeutin eine Pause nach Abschluss des praktischen Teils der Maßnahme einplanen, bevor sie zur nächsten Tätigkeit übergeht.

Sind mehrere Pädagoginnen beteiligt, ist die Reflexion einer Intervention auch immer eine gute Möglichkeit für die kollegiale Beratung.

5.1 Interventionsbeispiele

Die folgenden Beispiele sollen aufzeigen, wie die Planung, Durchführung und Reflexion einer Intervention verlaufen könnten.

Fallbeschreibung: 1. Personenbeschreibung: Till B., 7 Jahre, wirkt älter, hat 2 jüngere Geschwister, lebt bei seiner Mutter (die Eltern leben getrennt).

2. Anamnese/Vorgespräch: Till hatte als Kleinkind häufig Mittelohrentzündung. Er verhält sich oft aggressiv und grenzüberschreitend. Er hält sich in der Schule nicht an Regeln und möchte nicht mehr am Unterricht teilnehmen. Seine Mitschüler fürchten sich vor ihm.

3. Ressourcen/Kompetenzen: Till zeigt großes Interesse an Tieren und der Natur. Er hat bereits fundierte Kenntnisse über Pflanzen und Tiere.

4. Probleme/Besonderheiten: Till fordert klare und eindeutige Kommunikation, sonst entstehen Missverständnisse und Grenzüberschreitungen. Till hat Probleme, seine Kraft angemessen zu dosieren. Till hat Ideen und Fantasien, die er in die Tat umsetzt, obwohl dabei Tiere oder Sachen zu Schaden kommen.

Interventionsplanung 2. Termin: 18.02.2008, 10.00–12.00 Uhr
Ort: Lamahof, Wald
Übergeordnetes Ziel für Till: Verbesserung des Sozialverhaltens
Thema: Tiere versorgen, Lamaspaziergang
Besonderheiten: Frau B. nimmt ebenfalls teil

Ziel 1: Till soll lernen, die Bedürfnisse der Tiere zu erkennen und ihnen nachzukommen.

- Inhalte: Füttern der Tiere (Kaninchen, Hühner) und Säuberung der Ställe.
- Methode: Die Tiere signalisieren ihre Bedürfnisse und reagieren, wenn man ihnen nachkommt.

Ziel 2: Till soll lernen, das Verhalten eines Lamas einzuschätzen.

- Inhalte: Da Tills Mutter heute auch dabei ist, möchte ich die Gelegenheit nutzen, einen Spaziergang mit den Lamawallachen Bob und Ben zu machen. (Durch eine zusätzliche erwachsene, Till vertraute, Person ist es möglich, schon beim zweiten Termin einen Spaziergang mit den Lamas zu machen.)
- Methode: Till führt ein Lama und muss sich unterwegs mit seinem Verhalten auseinandersetzen.

Ziel 3: Das Erlebte besprechen.

- Inhalte: Lamas füttern.
- Methode: Beim Füttern ergibt sich Gelegenheit zum Sprechen.

Verlauf: Till gibt sich Mühe, alles richtig zu machen und es bereitet ihm sichtlich Spaß, die Tiere zu versorgen. Da er schon Vorkenntnisse hat, kann er sein Wissen zeigen und anwenden. Wir gehen zu den Lamas und ich halftere die Wallache. Frau B. übernimmt Ben, Till führt Bob. Bob ist ein dem Menschen sehr zugewandtes Lama und nicht schreckhaft.

Wir gehen Richtung Ortsausgang als ich bemerke, dass ich keine Uhr dabei habe, was mich verunsichert, da wir an diesem Tag pünktlich zurück sein müssen.

Till macht seine Sache gut. Er und Bob sind ein Team. Im Wald läuft Bob zweimal um eine Tanne und verheddert sich. Ich helfe Till, Bob zu befreien. Es ist eine lustige Situation und Anlass, herzlich zu lachen.

Da ich Sorge habe, wir könnten nicht pünktlich zurück sein, versuche ich den Rückweg abzukürzen und schlage dabei eine falsche Richtung ein. Schließlich stehen wir vor einem steilen Abhang. Die Lamas weigern sich hinunterzulaufen. Ich bin nervös, da ich glaube, mich zeitlich verschätzt zu haben. Dies überträgt sich auf die Tiere, als ich versuche, sie dazu zu bewegen, mit mir den Abhang hinunter zu klettern. Ich ziehe unangemessen an Bob und Ben herum und erreiche nichts. Frau B. versucht es mit mehr Gelassenheit und Ben läuft daraufhin mit ihr den Abhang hinunter. Ich folge mit Bob, der nun seinem Kumpel Ben hinterherläuft und stelle fest, dass es ein tolles Gefühl ist, mit einem Lama einen steilen Abhang hinunter zu rennen.

Hätte ich vorher gewusst, wie viel Spaß es macht, hätte ich Till Bob übergeben. Auch Frau B. ist begeistert. Ich merke, dass es Till beschäftigt, dass er dieses Highlight verpasst hat.

Wir kommen rechtzeitig zurück und können die Lamas noch in Ruhe füttern. Till sagt, er habe am Anfang Angst vor den Lamas gehabt, nun aber nicht mehr.

Reflexion: Ich nehme mir vor, mich nicht mehr so leicht aus der Ruhe bringen zu lassen und lieber in Kauf zu nehmen, nach einer Intervention zu spät zu Anschlussterminen zu kommen.

Ich war zu angespannt, um meine Tiere sicher zu führen. Dies darf nicht passieren. Zwar habe ich meine innere Unruhe Till und seiner Mutter gegenüber verbergen können, die Lamas haben es aber wahrgenommen und darauf reagiert. Meine Idee, Frau B. die Führung am Berg anzubieten, war hilfreich und erfolgreich, da sie in diesem Moment sehr entspannt war und sich sehr kompetent im Umgang mit Ben zeigte.

In Zukunft werde ich grundsätzlich ein Handy mitführen. Dann habe ich zum einen immer die Möglichkeit, die Uhrzeit zu erfahren und zum anderen dient es der Sicherheit, falls ein Notfall eintritt.

Interventionsplanung 10. Termin: 17.12.2008, 9.00–12.00 Uhr
Ort: Lamahof, Wald
Übergeordnetes Ziel für Till: Verbesserung des Sozialverhaltens
Thema: Füttern und Versorgen der Tiere, Lamaspaziergang

Ziel 1: Versorgung der Tiere.

- Inhalte: Hühner, Kaninchen und Lamas füttern.

Ziel 2: Till soll lernen, ein Lama zu führen.

- Inhalte: Bob und Ben in den Catchpen treiben und bürsten. Spaziergang durch den Wald, ca. 45 Min.
- Methode: Till übernimmt Verantwortung für Bob. Dabei muss er lernen, sich durchzusetzen und seine Kraft dosiert einzusetzen.

Ziel 3: Das Erlebte besprechen.

- Inhalte: Die Legenester kontrollieren.
- Methode: Während wir zu den Hühnern gehen und nachschauen, ob sie Eier gelegt haben, ist eine gute Gelegenheit zum Kommunizieren.

Verlauf/Reflexion: Ich habe geplant, dass wir die Tiere füttern, bevor wir mit den Lamas spazieren gehen. Also füttere ich mit Till die Lamas. Als ich Bob und Ben zum Aufhalftern in den Catchpen treiben will, wird mir meine Fehlplanung bewusst: Ich erwarte, dass die beiden Wallache hungrig „den gedeckten Tisch" verlassen!

Till freut sich auf den Spaziergang. Da es im Wald noch viele Stellen mit Grünem gibt, beschließe ich, die beiden Wallache unterwegs fressen zu lassen. Schon am Hoftor beginnt Ben zu streiken und will nicht weiter gehen. Ich sage Till, er solle mit Bob vorgehen, damit Ben zum Weitergehen motiviert wird. Ben bleibt immer wieder stehen. Till erreicht eine Wiese und lässt Bob dort fressen.

Als Ben von Weitem erkennt, dass Bob frisst, beeilt er sich. Als ich Till und Bob erreiche, bespreche ich mit ihm, dass wir die Lamas noch eine Weile fressen lassen.

Bob wirft sich unterwegs gegen Tannenbäume, um sich zu scheuern. Till gibt mir den Führstrick, um es Bob nachzutun. Er wirft sich gegen die Tannen und lacht laut.

Till möchte mit den Lamas einen ganz steilen Berg hinunter laufen. „Noch steiler als steil", sagt er (Er hat nicht vergessen, dass ich damals mit seiner Mutter den Abhang hinunter gelaufen bin.) Wir finden einen Berg. Er ist Till nicht steil genug und die Lamas haben keine Lust zum Laufen.

Till muss sich immer wieder gegen den hungrigen Bob durchsetzen (ich habe es mit Ben auch nicht leicht). Till macht seine Sache gut, setzt seine Kraft dosiert ein, indem er darauf achtet, nicht zu fest und ruckartig, aber doch fest genug zu ziehen, damit Bob weitergeht.

Der Spaziergang hat uns Spaß gemacht. Ich halftere Bob und Ben ab und wir schauen nach, ob noch genug Heu für Bob und Ben da ist. Zum Schluss kontrollieren wir noch die Legenester. Die frischen Eier nimmt Till mit nach Hause.

6 Lamas und Alpakas in der pädagogischen Arbeit mit Kindern und Jugendlichen mit Entwicklungs- und Verhaltensstörungen

Nehmen Kinder und Jugendliche, die von Entwicklungs- oder Verhaltensstörungen betroffen sind, an pädagogischen Interventionen mit Lamas und Alpakas teil, ist es notwendig, dass die pädagogische Leiterin über Wissen bezüglich der jeweiligen Störung verfügt. So kann sie Lernziele erarbeiten, die in ihrer Methodik ressourcenorientiert ausgerichtet sind und nicht die Störung oder das Problemverhalten thematisieren. Dies ist besonders bei Kindern und Jugendlichen wichtig, die von mehreren Beeinträchtigungen betroffen sind und es oft erleben, dass sie nicht in ihrer Ganzheit als Person wahrgenommen werden, sondern wegen ihrer Sprachstörung, ihrer motorischen Probleme, ihrer Konzentrationsprobleme usw. in gestörte und problematische Teile und Bereiche „zerstückelt" werden.

Bei einem pädagogischen Projekt mit Lamas und Alpakas geht es für das Kind in erster Linie darum, eine vertrauensvolle Beziehung zum Tier aufzubauen und nicht darum, ein Defizit wegzutrainieren. Die Pädagogin berücksichtigt die Probleme des Kindes, stellt sie aber nicht in den Vordergrund.

Die Kenntnis und das Wissen über die jeweilige Entwicklungs- oder Verhaltensstörung sind erforderlich, damit eine psychische oder physische Überforderung während einer Aktivität ausgeschlossen werden kann. Außerdem könnten Störungen mit aggressiven Anteilen Gefährdungen für andere Kinder oder die Tiere bedeuten.

Als alleiniges Therapie- und Heilmittel sind Interventionen mit Begleittieren oft nicht geeignet. Sie stellen jedoch eine sinnvolle Ergänzung dar, die vor allem stabilisierend, unterstützend und auslösend für günstige Prozesse anzusehen ist.

Wie Lamas und Alpakas als Begleittiere bei erlebnisorientierten pädagogischen Interventionen für Kinder und Jugendliche mit Verhaltens- oder Entwicklungsstörungen eingesetzt werden können, soll in diesem Kapitel, auf verschiedene Störungsbilder abgestimmt, dargestellt werden.

6.1 Störungen des Sozialverhaltens und ADHS

Kinder, die von Aufmerksamkeitsstörungen betroffen sind, die mit Hyperaktivität einhergehen, können auch durch aggressiv, provokant und oppositionell erscheinendes Verhalten auffallen und haben daher ggf. bezüglich angestrebter Verhaltensänderungen oft ähnliche Lernziele wie Kinder mit Störungen des Sozialverhaltens. Für diese Kinder und Jugendlichen ist es schwierig, an Freizeitangeboten teilnehmen zu können, da sie wegen ihres auffälligen Verhaltens oft abgelehnt werden. Fehlende Anerkennung und Akzeptanz von außen gehören meistens zum Alltag dieser Kinder, was es ihnen verwehrt, sich motiviert und selbstbewusst ihren Entwicklungsaufgaben zu stellen. Häufig sind sie schnell frustriert, wenn etwas nicht gleich gelingt oder länger dauert als erwartet. Viele dieser jungen Menschen haben immer wieder erlebt, dass sie etwas nicht schaffen und trauen sich an viele Aufgaben gar nicht erst heran, um weitere Misserfolge zu vermeiden.

In einer verständnisvollen und vertrauten Umgebung zeigt sich aggressives, oppositionelles oder vermeidendes Verhalten erfahrungsgemäß weniger ausgeprägt oder gar nicht. Oft ist zunächst Einzelarbeit angebracht, um die ersten Kontakte zu den Tieren sowie den Beziehungsaufbau zwischen Pädagogin und Klient ohne die Konkurrenzsituation durch Gleichaltrige vorzunehmen. Wenn sich die jungen Menschen bei den Tieren wohlfühlen, ihnen der Ort und der übliche Ablauf einer Intervention vertraut ist und wenn sie schon über Fähigkeiten im Umgang mit den Lamas und Alpakas verfügen, ist es leichter, sie innerhalb einer Gruppe an pädagogischen Aktivitäten teilhaben zu lassen.

Die meisten Kinder und Jugendlichen wünschen es sich, innerhalb einer Gruppe Anerkennung zu finden und am Gruppengeschehen beteiligt zu sein. Durch bewusst angebahnte Erlebnisse ist es möglich, dysfunktionale

Verhaltensweisen abzubauen und stattdessen sozialkompetentes Verhalten aufzubauen.

Der Umgang mit Tieren und das Erlernen aller für die Haltung und Versorgung erforderlichen Fähigkeiten sind handlungsorientierte Methoden, um den Aufbau sozialkompetenter Verhaltensweisen sozusagen „nebenbei" geschehen zu lassen. Hier eignen sich die in Kapitel 4.3 und 4.4 genannten Übungen zum Treiben, Halftern und Führen sowie Übungen auf dem Hindernisparcours (Kap. 4.5).

Fallbeispiel

Dem 9-jährigen Hendrik fällt es schwer, sich zu konzentrieren und sich über einen, seinem Alter normalerweise angemessenen, Zeitraum aufmerksam einer Tätigkeit zu widmen. Immer wieder ist es eine Herausforderung für ihn, etwas zu planen und es dann umzusetzen. Vor allem, wenn es nicht nach Wunsch läuft und Schwierigkeiten auftreten, etwas verändert oder ausprobiert werden muss, verliert er die Geduld und gibt auf. Ich stelle fest, dass er vor allem auf gutgemeinte Ratschläge und Einmischung von außen empfindlich reagiert.

Hendrik mag den Lamawallach Bob besonders gern und möchte mit ihm auf dem Hindernisparcours üben. Ich erkläre Hendrik, dass er zuerst festlegen muss, welche Hindernisse in welcher Reihenfolge bewältigt werden sollen, damit er beim Üben sicher weiß, wo er hin will und sich voll und ganz auf die Zusammenarbeit mit Bob konzentrieren kann. Hendrik möchte zunächst Slalomstangen aufbauen. Außerdem will er mit Bob über die Holzbank steigen, durch den Reifen gehen und zuletzt über den Baumstamm steigen. Als Slalomstangen benutzen wir Weidestäbe, die Hendrik mit viel Energie in den Boden arbeitet. Meinen Hinweis, genug Abstand zwischen den Stäben zu lassen, damit er und Bob genügend Platz haben, akzeptiert er gern. Auch wenn es Hendrik schwer fällt, die Stäbe in den Boden zu treiben und der Abstand oft nicht optimal gewählt ist, lasse ich ihn gewähren und beobachte ihn, ohne mich einzumischen. Dann legt Hendrik die genaue Reihenfolge der Hindernisse fest. Ich empfehle ihm, die Strecke ein- oder zweimal abzugehen, bevor er mit Bob startet. Hendrik geht die Strecke zweimal ab. Nun holen wir Bob, der sich sehr für das frische Gras zwischen den Hindernissen interessiert. Hendrik schafft es, mit Bob über die Bank zu steigen, einige Slalomstäbe stehen jedoch zu dicht nebeneinander und ich biete Hendrik an, Bobs Führleine zu übernehmen, damit er den Abstand der Stäbe vergrößern kann. Sorgfältig wägt Hendrik ab, wie groß die Abstände sein müssen und verändert die Position der Weidestäbe entsprechend. Dann übernimmt er Bob und startet auf ein Neues. Die Slalomstrecke meistern die beiden dieses Mal perfekt, aber

dann hat Hendrik vergessen, welches Hindernis er nach dem Reifen geplant hatte. Bob nutzt das Zögern seines Führenden sofort aus, um zu fressen. Bob hat den Kopf am Boden, frisst und lässt sich nicht bewegen. Irritiert schaut Hendrik mich an, er sieht überfordert aus. Ich frage ihn, ob er sich wieder erinnert hat, welches Hindernis das nächste ist. Er nickt. Ich frage, ob er neu anfangen möchte oder weitergehen will. Hendrik entschließt sich zunächst weiterzugehen und die Strecke dann noch mal in einem Zug zu bewältigen. Mit meiner Hilfe setzt sich Bob wieder in Bewegung und absolviert brav die verbleibenden Hindernisse. Der zweite Durchlauf klappt problemlos. Hendrik freut sich und belohnt Bob mit Möhrenstücken. Wir bedanken uns bei Bob und entlassen ihn zu seiner Herde zurück.
Im anschließenden kurzen Abschlussgespräch melde ich Hendrik zurück, dass er es trotz Schwierigkeiten geschafft hat, seine Pläne in die Tat umzusetzen und dass die Aktion sogar länger gedauert hat als eine Schulstunde, nämlich 50 Minuten.

Abb. 25: Weidestäbe als Slalomstangen

6.2 Depressive Störungen

Depressive Störungen bei Kindern und Jugendlichen äußern sich, wie bei Erwachsenen, u.a. durch Freudlosigkeit, Müdigkeit, Konzentrationsprobleme oder sogar suizidale Vorstellungen. Die Gedanken von Kindern mit Depressionen sind negativer als die von nicht-depressiven Kindern. Als Ursache bzw. Auslöser der Störung werden vor allem belastende Lebensereignisse oder chronisch negativer Stress (Dysstress) angesehen. Der Alltag dieser Kinder ist oft durch Hänseleien Gleichaltriger und komplizierte Familienverhältnisse geprägt, sie fühlen sich einsam und kommunizieren vergleichsweise wenig mit den Eltern. Die therapeutischen Maßnahmen konzentrieren sich vor allem auf kognitive Aspekte und das Training sozialer Kompetenzen (Prothmann 2008). Von depressiven Menschen geht wenig Eigeninitiative aus und auf Kontaktversuche anderer Menschen reagieren sie häufig eher abweisend, obwohl sie eigentlich Kontakt suchen.

Prothmann beschreibt, dass sich die Interaktionen depressiver Kinder in der tiergestützten Therapie mit Hunden von den Interaktionen nicht-depressiver Kinder unterscheiden (Prothmann 2008). Sie säßen meist auf dem Boden und würden den Hund beobachten, aber keine Handlungsimpulse erkennen lassen. Diese Kinder würden besonders viel Zeit benötigen, um aktiv zu werden und sie würden keine körperliche Nähe zum Tier suchen. Erst nach ca. 20 Minuten würden die Kinder damit beginnen, sich zu beteiligen, dann aber auch Kreativität bei der Interaktion mit dem Hund zeigen.

Aus pädagogischer Sicht können mit Begleitung der Lamas und Alpakas folgende Ziele verfolgt werden:

- Stärkung des Selbstbewusstseins
- Aufbau positiver Denkmuster
- Stressabbau und Entspannung
- Aufbau psychischer Stabilität
- Interesse und Motivation zur Kontaktaufnahme

Da depressive Menschen durch eine Art innerer Hemmung blockiert sind, zwischenmenschliche Interaktionen auszulösen, obwohl sie sich Kontakt wünschen, bieten sich Tiere mit den ihnen eigenen Interaktions- und Beziehungsmustern an. Gerade Lamas sind als Partner auf Augenhöhe ein geeignetes Medium, das depressiven jungen Menschen hilft, positive Erfahrungen beim Kontakt- und Beziehungsaufbau zu machen. Auch für die

Pädagogin sind die Kameliden eine Hilfe, da die Tiere ein neutrales Thema für die ersten Gespräche bieten.

Eine gute Möglichkeit ist es, die Tiere zu füttern und bei ihnen im Stall zu sitzen (Abb. 26). Die mahlenden Geräusche der fressenden oder wiederkäuenden Tiere lassen eine friedliche und positive Atmosphäre entstehen. Die Lamas und Alpakas stellen keine Forderungen und haben keine Erwartungen. Sie akzeptieren, wenn ein Kind traurig und lustlos ist.

Wer möchte, kann sich zu den wiederkäuenden Kameliden setzen. Es scheint, als ob die Lamas und Alpakas die am Boden sitzenden Menschen in ihren Kreis aufnehmen. Ein Gefühl des Vertrauens und der Verbundenheit breitet sich aus.

Solche Erlebnisse können negative Denkstrukturen aufweichen und zur psychischen Stabilität beitragen. Der Kontakt zu den Lamas und Alpakas kann Interesse wecken und aus der Passivität führen. Stallarbeit und die Versorgung der Kameliden geben eine sinnvolle Tagesstruktur vor. Dies hilft, einen Rhythmus aufrecht zu erhalten und Ängste abzubauen. Die wachsende Zuneigung der Lamas und Alpakas kann das Selbstwertgefühl steigern. Den Tieren gegenüber können Gefühle ausgedrückt werden, ohne dass sie ablehnend oder belehrend mit guten Ratschlägen und Relativierungen („Das wird wieder gut.", „Man kann doch nicht immerzu traurig sein." usw.) reagieren.

Interventionen mit Lamas und Alpakas können dazu beitragen, junge Menschen aus dem Teufelskreis von Rückzug und Einsamkeit herauszufüh-

Abb. 26: Im Stall bei den Lamas und Alpakas

ren, indem sie positive Erlebnisse vermitteln, die motivieren, sich regelmäßig um die Kameliden zu kümmern und den stimmungsaufhellenden Beschäftigungen in der Natur und den sinnstiftenden Tätigkeiten bei der Versorgung und Pflege der Tiere nachzugehen.

Fallbeispiel

Angelina ist 11 Jahre alt. Sie ist oft mutlos und traurig, nimmt an Aktivitäten häufig nicht teil und berichtet, in ihrer Klasse werde sie gemobbt, es gebe niemanden, der sie mag.
Ich bin mit Angelina verabredet, um mit ihr zu den Lamas zu fahren. Ich treffe die 11-Jährige traurig und verzweifelt an. Sie weint und klagt, sie sei dumm und könne gar nichts, noch nicht mal ein Tier führen.
Eigentlich hatte ich geplant, heute das Führen zu üben. Um sicher zu gehen, dass ich Angelina mit diesem Plan am heutigen Tag nicht überfordere, schlage ich zunächst vor, die Tiere zu füttern und nachzuschauen, ob die Hühner Eier gelegt haben. Diese Tätigkeiten führt sie immer gern aus. Es scheint, als ob sie sich wohl und sicher fühle, wenn sie Möhren für die Lamas und Kaninchen in Stücke schneidet, das Heu vorbereitet, Wasser nachfüllt usw. Angelina willigt daraufhin ein, mitzukommen.
Nachdem wir die Kaninchen gefüttert haben, möchte sie zu den Lamas und fragt, ob wir heute mit dem Führen beginnen. Für mich ist dies das Signal, auf meine ursprüngliche Planung zurückzugreifen. Wir holen ein Halfter zum Üben, Bobs Lamahalfter und die Bürste, da wir Bob zum Abschluss bürsten wollen. Zunächst möchte ich Angelina zeigen, wie man ein Halfter anlegt. Ich demonstriere es an einem Stofftier, dann fordere ich Angelina auf, mir das Halfter anzulegen. Das gegenseitige Halftern und Führen macht Angelina Spaß. Ich würde gerne noch mehr erklären, merke aber, dass ihre Aufmerksamkeit nachlässt. Wir gehen zu den Lamas. Ich halftere Bob und Angelina führt ihn aus dem Catchpen. Die beiden sind schnell ein Team. Nach einigen Übungsrunden nimmt Angelina Bob mit meiner Hilfe das Halfter wieder ab und wir entlassen ihn aus dem Catchpen.
Nun füttern wir die Lamas. Ich frage Angelina, ob sie immer noch glaubt, sie könne kein Tier führen. Sie lacht und schüttelt mit dem Kopf.

6.3 Autismus-Spektrum-Störungen

Autismus-Spektrum-Störungen zählen zu den tiefgreifenden Entwicklungsstörungen und beinhalten eine große Variation von Ausprägungsgraden. Die Bezeichnung spiegelt die Auffassung wider, dass sich autistische Störungen „lediglich" hinsichtlich des Schweregrades der Störung unterscheiden, d.h. quantitativ und nicht qualitativ. Autistische Störungen sind gekennzeichnet durch qualitative Auffälligkeiten in der gegenseitigen sozialen Interaktion, der Kommunikation und Sprache sowie durch eingeschränktes, stereotypes, sich wiederholendes Repertoire an Interessen und Aktivitäten (Poustka 2004). Autismus-Spektrum-Störungen sind neben möglichen auftretenden vielfältigen unspezifischen Ängsten vor allem dadurch geprägt, dass es den Betroffenen schwer fällt, sich selbst und andere zu verstehen. Sie können sich kein schlüssiges Bild von dem machen, was um sie herum vorgeht, denn die Fähigkeiten, sinnvolle Zusammenhänge herzustellen, sind eingeschränkt, obwohl Einzelheiten und Details oft sehr genau erkannt werden.

Aus therapeutischer Sicht soll, nach Prothmanns (2008) Meinung, neben der generellen Verbesserung sozialer Fertigkeiten besonderes Augenmerk auf das Initiieren und Aufrechterhalten von Sozialkontakten und damit einhergehend ein Nachlassen autismustypischer Symptome gerichtet werden. Wichtig sind dabei multisensorisch stimulierende und gleichzeitig kontrollierte Umgebungen. Die sozialen Trainingssituationen sollten den Kindern auch die Möglichkeit bieten, selbst die Führungsposition zu übernehmen und erklärend, demonstrierend oder lehrend auftreten zu können (Prothmann 2008).

In einer Untersuchung konnte gezeigt werden, so Prothmann, dass Kinder mit Autismus-Spektrum-Störungen Fotos von Tieren wesentlich attraktiver finden als Bilder von Gegenständen (Prothmann 2008). Dies widerlegt die These, dass sie unbelebte Objekte den belebten vorziehen würden. Prothmann beschreibt eine weitere Studie, die zum Ergebnis kommt, dass Kinder mit Autismus-Spektrum-Störungen großes Interesse an der Interaktion mit einem Hund zeigen (Prothmann 2008). Anhand der Studie wird aufgezeigt, dass eine Verbesserung der Bereitschaft und der Fähigkeiten zur Kontaktaufnahme durch die Interventionen mit Hunden erfolgt. Insbesondere:

- Eine Zunahme von Interaktionen, die vom Kind ausgehen.
- Eine Zunahme von Reaktionen des Kindes auf soziale Reize.
- Ein Aufrechterhalten des prosozialen Verhaltens.

- Eine Abnahme von selbstbezogenem, selbststimulierendem oder stereotypem Verhalten (Prothmann 2008).

Es ist also grundsätzlich davon auszugehen, dass Tiere als Interaktionspartner für Menschen mit Autismus-Spektrum-Störungen interessant und förderlich sein können. Beim Erstkontakt mit dem Hund hatten die Kinder jedoch deutliche Berührungsängste. Prothmann führt die Ängste der Kinder vor dem Hund vor allem auf die ständigen Veränderungen des Tieres durch seine Eigenaktivität zurück (Prothmann 2008).

Kameliden könnten hier weniger angstauslösend wirken, da sie sich langsamer bewegen und insgesamt sehr sanft und zurückhaltend bei der Kontaktaufnahme sind. Außerdem ist die Wahrscheinlichkeit geringer, dass den Lamas und Alpakas gegenüber negative Vorerwartungen bestehen, während die Information, dass Hunde gefährlich sein können, Kindern oft bekannt ist und sie daher auch beeinflusst.

Das deutliche Feedback, das Lamas und Alpakas durch Nähe und Distanz vermitteln, ist ein Angebot, das Interaktion ohne Worte und Mimik ermöglicht. Die Signale der Kameliden sind 1:1 im Verständnis. Ironie und andere Abstraktionen der menschlichen Sprache, die für Menschen mit Autismus-Spektrum-Störungen immer wieder zu Verwirrungen und Missverständnissen führen, kommen in der Kommunikation mit Kameliden nicht vor.

Die Notwendigkeit der Perspektivübernahme, um Tiere zu verstehen, kann an handlungsorientierten Beispielen vermittelt werden. Lamas mögen es z.B. nicht, wenn man nach ihnen greift, um Heu- oder Strohhalme aus ihrem Fell zu zupfen. Wer an ihnen herumzupft, wird feststellen, dass sich der Bannkreis der Tiere vergrößert und sie darauf achten, dass ihnen „Fellzupfer" nicht zu nahe kommen.

Da die Ausprägung von Autismus-Spektrum-Störungen sehr stark variiert, muss die Interventionsplanung individuell auf das einzelne Kind oder den Jugendlichen abgestimmt werden.

Für Kinder oder Jugendliche, die zusätzlich von motorischen Störungen betroffen sind, kann es eine große Motivation sein, Bewegungsübungen gemeinsam mit dem Lama oder Alpaka auf dem Hindernisparcours auszuführen.

Das Lernziel, die Interaktions- und Kommunikationsbereitschaft und -fähigkeit von Kindern und Jugendlichen mit Autismus-Spektrum-Störungen zu fördern, unterstützen Kameliden auf mehrfache Weise:

- durch die deutliche Körpersprache,
- durch das vorhersehbare Verhalten der Kameliden entstehen klare Regeln, die Sicherheit geben,

- durch den Anspruch, die Perspektive des Tieres zu übernehmen,
- durch Einbeziehung von Eltern und Geschwistern, die ebenfalls an Aktivitäten mit den Lamas und Alpakas teilnehmen können,
- durch handlungsorientierte Aktivitäten wie z. B. Stallarbeit,
- durch die natürliche Umgebung,
- durch die realistischen Gegebenheiten, die in einem breiten, variablen Kontext erfolgen, sodass der Transfer des Gelernten in den Alltag möglicherweise generalisierter, direkter und nachhaltiger ist, als bei Maßnahmen, die in einer eher künstlichen Umgebung stattfinden.

Operant konditionierte Verhaltensweisen z. B. sind u. a., so Poustka, bei Kindern mit autistischen Störungen tendenziell als vollständiges, eher unflexibles Muster vorhanden, werden abgerufen und nicht unbedingt verstanden oder reflektiert (Poustka 2004).

Prothmann kommt zu dem Schluss: „Autistische Kinder können nachweisbar vom Umgang mit einem Tier profitieren und ganz gezielt soziale Fähigkeiten trainieren. Tatsächlich verfügen der Hund und vermutlich weitere Tiere über ein kommunikationsförderndes Potential. Wir können daher anregen, Tiere gezielt als Motivatoren und natürliche Verstärker in bereits existierende Therapieprogramme für Kinder mit Autismus mit einzubeziehen und ihre Wirkung auf soziale Interaktion über längere Zeit zu beleuchten." (Prothmann 2008, 213).

6.4 Lese-Rechtschreib-Schwäche

Auch bei Kindern mit Schulschwierigkeiten ist der Einsatz von Tieren bei pädagogischen Maßnahmen hilfreich.

Lernprobleme bedingen häufig ein Vermeidungsverhalten, denn für die Kinder wird es immer unangenehmer, ihr Nichtkönnen unter Beweis stellen zu müssen und so entsteht eine gefährliche Eigendynamik der, zunächst vielleicht nur geringen, Lernschwierigkeiten. Das Kind weigert sich zunehmend die Lerninhalte zu üben und die schulischen Rückstände vergrößern sich immer mehr. Die Lust am Lernen geht schließlich ganz verloren und die entstandenen Lücken vergrößern sich so, dass das Kind den Anschluss verliert. Nun sind auch seelische Schäden vorprogrammiert, die oft durch Verhaltensauffälligkeiten und psychosomatische Beschwerden sichtbar werden. Von diesem Schicksal betroffen sind häufig Kinder, die Schwierigkeiten beim Erlernen der Schriftsprache haben.

Kinder, die sich bereits im Teufelskreis von Vermeidungsverhalten und zunehmender Problematik bis hin zur Schulverweigerung befinden, benötigen Hilfe auf verschiedenen Ebenen. Sie brauchen auf der einen Seite einen Ausgleich zum frustrierenden Schulalltag und auf der anderen Seite eine sinnvolle Motivation, sich doch wieder mit Lesen und Schreiben zu befassen und Hilfe, um wieder ein positives Selbstbild aufbauen zu können.

Bei den Lamas und Alpakas im Stall finden diese Kinder Entspannung, Sicherheit und Akzeptanz. Bei der Versorgung der Tiere, dem Üben auf dem Hindernisparcours und bei Wanderungen können sie, ohne dass Leistungsdruck aufgebaut wird, Fähigkeiten unter Beweis stellen, die nicht von Lesen und Schreiben abhängig sind.

TIPP

Mit Lob und Tadel muss hier achtsam umgegangen werden, denn auch beim Aussprechen von Lob muss bedacht werden, dass diese Kinder mit Beurteilungen schlechte Erfahrungen gesammelt haben und sie wissen: „Wer lobt, tadelt auch". Manchmal ist es besser, vor allem während der Zeit des Beziehungsaufbaus, Zustimmung nur durch Gewährenlassen, Lächeln oder Nicken zu zeigen.

Haben die Kinder an Seelenstärke gewonnen und ist eine vertrauensvolle Beziehung zur Pädagogin entstanden, kann damit begonnen werden, Lesen und Schreiben in die Interventionsplanung zu integrieren. So kann z.B. im Stall bei den Lamas Lesen geübt werden. Wiederkäuende Lamas sind geduldige Zuhörer. Stottern und Stammeln muss dem Kind hier nicht peinlich sein, denn die Kameliden stört es nicht. Vielleicht werden sie interessiert das Buch beschnuppern und so das Kind zum Lachen bringen.

Kinder, die die Lamas und Alpakas in ihr Herz geschlossen haben, sind oft motiviert, über ihre Erlebnisse mit den Tieren zu schreiben und ihre Geschichten dann im Deutschunterricht zu präsentieren. Wird dann ein Ausflug der ganzen Schulklasse zu den Lamas organisiert, erhält das Kind die Anerkennung der Mitschüler und der Lehrerin, wenn es seine tierischen Freunde vorstellt. Durch solche Erlebnisse kann Schulverweigerung vorgebeugt werden und schulische Niederlagen und schlechte Noten können besser verkraftet werden. Ein Kind, das neuen Mut gefasst hat, ist offener für eine, auf seine spezielle Problematik abgestimmte, Legasthenietherapie.

Fall-beispiel

Ricardo, 11 Jahre, möchte nicht mehr in die Schule gehen. Für Deutsch sei er zu doof und weil er so dick sei, möge ihn keiner und er dürfe nie mitmachen. Am besten, er bliebe zu Hause in seinem Zimmer, da würde ihn niemand hänseln und er hätte seine Ruhe.
Als Ricardo die Lamas kennenlernt, ist er begeistert. Er liebt es, wenn sich die Tiere dicht um ihn herumdrängen. „Die mögen mich", ruft er und lacht. Er merkt schnell, dass es Lamas nicht interessiert, ob einer dick oder dünn ist. Für die Lamas ist es wichtig, dass er nett ist und sie respektiert. Ben mag er am liebsten, weil er der Chef ist und sich so vornehm bewegt. Bei Spaziergängen mit den Lamas freut er sich, wenn die Leute gucken und ihn mit Ben am Führstrick interessiert anschauen. Er genießt es, wenn sie ihn fragen, warum er nicht auf Ben reitet. Dann antwortet er: „Das ist mein Kumpel, für den bin ich zu schwer." Ricardo übt geduldig auf dem Hindernisparcours, obwohl sich Ben unwillig zeigt. „Er ist eben der Chef", sagt er dann.
Ricardo erzählt in der Schule häufiger von den Lamas und hat seitdem vermehrt Kontakte zu seinen Mitschülern. Als im Deutschunterricht ein Referat gehalten werden soll, erarbeitet Ricardo mit Eifer einen Vortrag über Lamas, der mit „sehr gut" bewertet wird.

6.5 Essstörungen

Bei Kindern und Jugendlichen, die unter Essstörungen leiden, steht die Anbahnung von Erlebnissen im Mittelpunkt, die das Ziel haben:

- das Selbstbewusstsein zu stärken,
- Resilienzfaktoren zu vermitteln,
- Körperbewusstsein und -kontrolle zu fördern,
- Entspannung und Stressabbau zu ermöglichen,
- Freude und Leichtigkeit zu erleben,
- Flowerlebnisse zu ermöglichen,
- gute und symptomarme oder -freie Phasen zu stabilisieren und aufrecht zu erhalten.

Bei Essstörungen, die von einem Zuviel oder Zuwenig der Nahrungsaufnahme geprägt sind, wirkt die Ausgeglichenheit der Kameliden regulierend. Bei Aktivitäten mit den Lamas und Alpakas vergessen die Kinder oft ihren Heißhunger und sie sind motiviert, sich in der Natur zu bewegen.

Spaziergänge und Wanderungen, bei denen die Lamas z. B. die Zutaten für ein gesundes Picknick tragen, sind in diesen Fällen geeignet.

Mehrtägige Wander- oder Trekkingtouren haben unter anderem den Effekt, dass das natürliche Körper- und Hungergefühl wieder spürbar wird. Während der Alltag essgestörter junger Menschen der Essensbeschaffung oder Essensverweigerung gewidmet ist, stehen bei Trekkingtouren oder mehrtägigen Wanderungen mit Lamas auch andere Themen im Vordergrund. Die Versorgung des Begleitlamas macht deutlich, dass Leistung und Lebensfreude in direktem Zusammenhang mit ausgewogener Ernährung stehen, denn als Weidetiere und Wiederkäuer brauchen die Lamas täglich genug Zeit zur Futteraufnahme und zum Wiederkäuen.

Bei der gemeinsamen Planung der Tour nimmt das Thema Nahrungsmittel und Essenszubereitung gleichberechtigt mit anderen wichtigen Aspekten wie Routenplanung, Lagerplatz, Unterbringung der Lamas, Krisenmanagement usw. keinen zentralen Stellenwert ein. Verschiedene Lebensbereiche, Notwendigkeiten und Bedürfnisse müssen berücksichtigt, besprochen und organisiert werden. Das Essen oder Nichtessen verliert seinen „pathologischen Beigeschmack" und wird als normales Bedürfnis und Notwendigkeit gleichauf mit dem geeigneten Platz für ein Nachtlager oder der Länge einer Tagesetappe diskutiert.

Das Schönheitsideal, das die Medien transportieren, ist unterwegs ebenso unwichtig wie Waage oder Spiegel. Körper, Geist und Seele können frei vom Druck durch Kilo- und Kalorienzählen Sinneserfahrungen machen, für die z. B. Essstörungen wie Binge-Eating oder Magersucht bisher keinen Raum gelassen haben.

6.6 Drogenmissbrauch

Auch bei jungen Menschen, die aufgrund von Drogenmissbrauch behandelt werden, sind tierbegleitete Maßnahmen als Ergänzung oder Teil des Therapiekonzeptes hilfreich.

Projekte, bei denen über den regelmäßigen Kontakt zu Lamas als Abschluss und Höhepunkt der Maßnahme eine Trekkingtour eingeplant wird, geben entscheidende Impulse für eine drogen- und abhängigkeitsfreie Zukunft.

Bernhard Pflug schildert, dass bei einer sechstägigen Trekkingtour mit Pferden, der eine ca. sechsmonatige Vorbereitungsphase mit einem Pflegepferd vorausging, die Teilnehmer, ehemalige Drogenabhängige, das enge Zusammenleben mit dem Pflegepferd als eine der wertvollsten Erfahrungen ansahen (Pflug 2017). Die Gruppenerfahrung, die das Angewiesen-Sein auf andere sowie die Verlässlichkeit des Einzelnen beinhaltete, sei als neuartige und anfänglich schwierige Erfahrung erlebt worden. Allen Teilnehmern gemeinsam sei der Stolz auf die vollbrachte Leistung und die Erkenntnis, dass die Trekkingerfahrung ihr Selbstwertgefühl markant gesteigert habe. Als Herausforderung besonderer Art sei die Erfahrung angesehen worden intensive Gefühle wie innige Freude und Harmonie, aber auch tiefe Enttäuschung, Müdigkeit und Erschöpfung zum ersten Mal seit langer Zeit, nüchtern bzw. clean zu erleben und auszuhalten. Oft sei der Stolz über die erbrachte Leistung gepaart mit dem Erstaunen über die eigene Leistungsfähigkeit und Belastbarkeit.

Eine Teilnehmerin des Trekkings schrieb ein Jahr später: „Für mich war der Treck die wertvollste Zeit der Therapie. Obwohl es ein Jahr seither ist, arbeite ich noch an manchem, das ich damals erkannte. Ich lernte auch, mir Kraft und Energie in der Natur zu holen. Ich wurde mir der Wichtigkeit bewusst, jeden Tag neu zu erleben und ständig aufzupassen, damit ich nicht vom Weg abkomme. Falls das aber doch passiert, weiß ich, dass ich mein Ziel nie aus den Augen verlieren darf, dass ich umkehren kann oder einen anderen Weg gehen muss. Das Schönste aber ist, dass ich nie alleine bin." (Pflug 2017, 70) Dieses Statement zeigt, wie nachhaltig das Erlebnis einer Trekkingtour wirken kann.

Lamatrekking unterscheidet sich vom Trekking mit Pferden vor allem dadurch, dass die Möglichkeit des Reitens wegfällt. Die gesamte Wegstrecke wird von Mensch und tierischem Partner nebeneinander bewältigt. Dieser Umstand und die Wesensart der Lamas führen vielleicht zu einer anderen Beziehungsqualität zwischen Mensch und Tier.

Ein Vorteil des Lamatrekkings könnte es sein, dass reiterliches Können nicht erforderlich ist und die Hemmschwelle zur Teilnahme dadurch niedriger ist. Auch die notwendige Vorbereitungszeit fällt kürzer aus, da das richtige Führen eines Lamas schneller erlernt werden kann als das Reiten. Die Versorgung der Lamas ist zumindest in Bezug auf die Futtermenge weniger aufwendig, auch die Kosten für die Hufpflege fallen weg.

Das Ziel, sich Kraft und psychische Stabilität in der Natur zu holen kann auch durch regelmäßige (z.B. 1x wöchentlich) Interventionen mit drogengefährdeten Jugendlichen angestrebt werden. Für die jungen Menschen stellt die Beschäftigung mit den Lamas und Alpakas dann eher eine wöchentliche Freizeitaktivität dar, weniger einen Therapietermin. Besonders für Jugendliche, die sich nicht offen für Therapie und Behandlung zeigen, kann das tierbegleitete pädagogische Angebot hilfreich sein. Sie müssen nicht über ihre Probleme sprechen, haben aber eine kompetente Ansprechpartnerin an ihrer Seite.

Fall-
beispiel

Die 15-jährige Kim fehlt häufig in der Schule. Sie fällt durch aggressives und oppositionelles Verhalten auf. Sie wurde mehrmals alkoholisiert von der Polizei aufgegriffen. Nachdem sie mit einer Alkoholvergiftung ins Krankenhaus eingeliefert wird, erfolgt ein stationärer Aufenthalt in einer kinder- und jugendpsychiatrischen Einrichtung. Es stellt sich heraus, dass Kim Gewalt und sexuellen Missbrauch erlebt hat.

Für einige Monate besucht Kim meinen Hof einmal in der Woche. Anfänglich ist sie verschlossen und abweisend. Sie äußert, sie wolle eigentlich nichts mehr „mit Betreuung und Psychologenkram" zu tun haben. „Auf das ganze Blabla" habe sie „keinen Bock", das nütze ihr sowieso nichts. Ihr Interesse, die Lamas kennenzulernen ist aber von Anfang an groß und sie stimmt einem Probetermin zu.

Bei meiner Planung für den Erstkontakt berücksichtige ich, dass ein plötzlicher, unmittelbarer Kontakt mit den Lamas unbedingt zu vermeiden ist, damit Kim die Möglichkeit hat, die Tiere erst in Ruhe anzuschauen und ich ihre Reaktionen beobachten kann. Im Hinblick auf Kims Gewalt- und Missbrauchserfahrung muss ich damit rechnen, dass sie durch unvorhergesehene Ereignisse oder eine sich neugierig nähernde Gruppe von Tieren panisch reagieren könnte. Deshalb plane ich, die Lamas und Alpakas zunächst im Stall zu beobachten und evtl. zu füttern, denn der Bereich, wo das Heu gelagert ist, ist vom Bereich der Tiere durch Futtertrog und Futtergatter sicher abgetrennt. So können wir Heu in den Trog geben und die Kameliden in Ruhe beim Fressen beobachten.

Ich bereite Kim auf jede neue Situation vor, um ihr die Möglichkeit zu geben, sich auf das Folgende einzustellen oder es abzulehnen.

Als wir auf den Stall zugehen wirkt sie angespannt. Ich erkläre ihr, dass wir die Lamas in aller Ruhe beobachten und sie mir beim Füttern helfen kann, wenn sie möchte. Kim bleibt stehen, als sie die Tiere sieht. Ich bleibe neben ihr stehen. Nach einer Weile frage ich sie, ob sie sich die Tiere so vorgestellt hat. Sie schüttelt mit dem Kopf und sagt, dass sie die Lamas gruselig findet. Kurz darauf macht sie zwei Schritte nach vorne und sagt, sie wolle die Tiere noch ein bisschen beobachten. Während ich damit beginne, Heu zu füttern, stelle ich jedes Tier mit Namen und Besonderheiten vor. Schließlich möchte Kim beim Füttern helfen. Sie mag Luna, die Sanfte, besonders.

Zum Abschluss zeige ich Kim noch das Tipi. Sie sagt, dass sie das nächste Mal mehr Zeit bei den Tieren verbringen möchte und ein Picknick vorbereiten will.

6.7 Posttraumatische Belastungsstörungen

Kinder und Jugendliche, die im Zusammenhang der Jugendhilfe stationär oder ambulant betreut werden, haben häufig traumatische Situationen durch Missbrauch, Gewalt und Vernachlässigung erlebt. Diese traumatischen Erfahrungen haben oft schwerwiegende Folgen für die seelische und geistige Entwicklung der jungen Menschen.

Die Belastungsstörungen ergeben ein Störungsbild, das nach dem DSM-IV (Diagnostic and Statistical Manual of Mental Disorders, 4. revidierte Ausgabe; US-amerikanisches Diagnoseschema für psychiatrische Erkrankungen) hauptsächlich aus drei Symptombereichen besteht:

- Dem Wiedererleben des Traumas, z. B. Flashbacks, Alpträume,
- dem Vermeiden traumarelevanter Reize, z. B. sich an Teile des Erlebnisses nicht erinnern zu können, bestimmte Orte oder Situationen nicht aufsuchen,
- den Symptomen eines erhöhten Erregungsniveaus, z. B. Schlafstörungen, Konzentrationsprobleme (Weiß 2008).

Aus pädagogischer Sicht ist es wichtig zu beachten, dass die exzessive Stimulation des zentralen Nervensystems zum Zeitpunkt der Traumatisierung zu permanenten neuronalen Veränderungen führen kann. Die Folge können z. B. dauerhafte, diffuse Ängste sein. Die Fähigkeit Emotionen, wie z. B. Angst als Signal zu nutzen, um sinnvoll erscheinende Handlungen auszuführen, kann durch chronische physiologische Erregung beeinträchtigt sein. Ebenso ist die Unterscheidungsfähigkeit von relevanten und irrelevanten Stimuli betroffen, sodass verlangsamte Reaktionen auf gewöhnliche Ereignisse die Folge sind (Weiß 2008).

Erlebnisse, die es ermöglichen in sicherer, vertrauter Umgebung und in Begleitung fachlich kompetenter Personen Erfahrungen zu machen, die alle Sinne betreffen und das Benennen von Wahrnehmungen und Gefühlen beinhalten, können sich hier nachhaltig positiv auf Heilungsprozesse auswirken.

Hüther (2002) weist darauf hin, dass die durch Traumata verursachten Folgen für die kindliche Entwicklung des Gehirns katastrophal sind, da das Frontalhirn besonders betroffen ist. Im Frontalhirn entwickeln sich die Voraussetzungen für grundlegende Fähigkeiten des menschlichen Gehirns, wie die Entwicklung des Selbstbildes, die Impulskontrolle und Handlungsplanung sowie die emotionale und psychosoziale Kompetenz. Damit Erfahrungen gemacht werden können, die das Trauma korrigieren, ist der Aufbau emotionaler Bindungen, die Sicherheit bieten, der Aufbau eines Selbstwertkonzeptes und die (Wieder)Herstellung innerer Leitbilder erforderlich. Hierfür müssen wiederum die emotionalen Zentren des Gehirns aktiviert werden, die das Frontalhirn beeinflussen. Nach Hüther (2002) kommt es vor allem durch von Spiel und Neugier geprägte Situationen zu einer moderaten Aktivierung dieser emotionalen Zentren.

Pädagogische Maßnahmen, die durch die Begleitung der Kameliden Erlebnisse bedingen, die die Neugierde anregen und Erfahrungen von Selbstkompetenz bewirken, sind geeignet, strukturelle Veränderungen im Gehirn durch spezifische Erfahrungen zu bahnen. Da diese Veränderungen bis ins hohe Lebensalter möglich sind, können Kinder und Jugendliche hiervon in hohem Maße profitieren.

Die psychischen Verletzungen und Wunden manifestieren sich im Sichtbaren durch das Verhalten der Kinder und Jugendlichen und können so schwerwiegend sein, dass sie Ablehnung erfahren und von gemeinschaftlichen Aktivitäten ausgeschlossen werden (müssen). Ein Teufelskreis, denn eigentlich brauchen diese jungen Menschen Anerkennung, Zuwendung, Gemeinschaft und Sicherheit.

Das Gefühl der Sicherheit hat auch bei tierbegleiteten Maßnahmen höchste Priorität. Bevor es zum direkten Tierkontakt kommt, muss ganz klar sein, dass das Kind oder der Jugendliche bereit für diesen Schritt ist, sich sicher und stabil fühlt.

Aus pädagogischer Sicht soll der Beziehungsaufbau zu den Kameliden bewirken, dass die Kinder und Jugendlichen neues Vertrauen fassen, wieder lernen Nähe zuzulassen und sie den Kontakt zum Tier sowie den Aufenthalt in der Natur als resilienzfördernde Kraftquelle erleben.

Ingeborg Andreae de Hair (2009) weist darauf hin, dass Menschen, die mit traumatisierten Kindern und Jugendlichen tiergestützt arbeiten, unbedingt über therapeutisches Grundwissen verfügen müssen, da im Mensch-Tier-Kontakt und der naturpädagogischen Arbeit immer spontan retraumatisierende Aspekte zum Tragen kommen können (Andreae de Hair 2009).

Eine behutsame, in sehr kleine Schritte aufgeteilte Herangehensweise ist notwendig, um sicherzustellen, dass keine Überforderungssituation eintritt, denn Auslöser (Trigger), die Dissoziationen oder Retraumatisierungen herbeiführen können, tauchen oft plötzlich und unmittelbar auf. Auch innerhalb einer vertrauensvollen Beziehung kann man aus pädagogischer Sicht niemals sicher sein, ob Unwohlsein, Angst und Unsicherheit vom Kind oder Jugendlichen immer rechtzeitig benannt werden können oder wollen.

Da traumatisierte Kinder und Jugendliche schnell verunsichert oder ängstlich reagieren, können bei zu schneller Vorgehensweise Verunsicherungen und Ängste eintreten, die zu Überforderungssituationen führen. Daher müssen Tierkontakte genau geplant werden.

Vor allem bei Gruppenaktivitäten kann es schwierig werden, wenn unvorhersehbare Reaktionen eine Situation außer Kontrolle geraten lassen und ein junger Mensch scheinbar grundlos „völlig ausrastet" und sich Aggressionen explosionsartig entladen. „Wichtig ist es für den/die Pädagogen/in in dem Moment zu wissen, wie er oder sie damit situativ angemessen umgehen kann, was ein Dissoziationsstopp sein kann und wie es zu einer Reorientierung, zu einem Containment kommt." (Andreae de Hair 2009, 34).

Die Pädagogin muss außerdem immer damit rechnen, dass Kinder und Jugendliche, die Opfer von Gewalt wurden, diese Erlebnisse auch als Täter weitergeben können. In einem unbeobachteten Moment ist es möglich, dass eine Reinszenierung der erlebten Grausamkeiten zu Gefährdungen für Tiere oder Menschen führt.

Prothmann weist auf den Einsatz von Lamas bei der Therapie suchtkranker Frauen mit Gewalterfahrung hin (Prothmann 2008). Kritisch ist in diesem Zusammenhang jedoch die Bemerkung Prothmanns zu sehen, dass es bei therapeutischen Maßnahmen mit Tieren nicht zu Retraumatisierungen kommen kann. Gerade beim Einsatz von Lamas besteht die Gefahr, dass die Eigenheit mancher Kameliden, ganz gezielt die Mundpartie des menschlichen Gesichts zu beschnuppern, als zu große Nähe empfunden wird und damit Auslöser starker affektiver Reaktionen sein kann.

7 Persönliche Voraussetzungen und Kompetenzen für die tierbegleitete pädagogische Arbeit mit Lamas und Alpakas

Bei tierbegleiteten pädagogischen oder therapeutischen Maßnahmen ist für die Qualität des Angebots, unter anderem, die Persönlichkeit und Ausbildung der ausführenden bzw. leitenden Person entscheidend. Nicht nur Fachwissen und Methodenkenntnis, sondern auch erworbene Grundhaltungen und Fähigkeiten sind hier von Bedeutung.

Tierbegleitete Interventionen gehen immer mit angebahnten vorhersehbaren, also geplanten, aber ebenso, auch mit unvorhersehbaren, ungeplanten Erlebnissen und Situationen einher. Das geplante Setting sollte auf Direktheit und Authentizität gründen, denn Ernsthaftigkeit und Unmittelbarkeit der Erlebenssituation sind Voraussetzung dafür, dass gelingende Erkenntnisprozesse ausgelöst werden.

Fallbeispiel

Ricardo (Kap. 6.4) erlebt, dass die Lamas ihn mögen und sich in seiner Nähe wohl fühlen, weil er sie respektvoll behandelt. Dieses Erlebnis führt für ihn zu der Erkenntnis, dass es nicht ausschließlich an seinem Äußeren liegt, ob er akzeptiert wird oder nicht. Er macht die bewusste Erfahrung, dass es von seinem Verhalten abhängt, wie auf ihn reagiert wird. Diese Erkenntnis, die er zunächst in Bezug auf die Lamas gewonnen hat, überträgt er auf seinen Alltag und beginnt damit, sein Verhalten in der Schule neu

zu gestalten. Feste Zuschreibungen, wie: „Keiner mag mich, weil ich so dick bin", „Ich bin zu dumm für Deutsch", „Die anderen lehnen mich ab" werden aufgeweicht.
Er beginnt damit, seinen Mitschülern von den Erlebnissen mit den Lamas zu erzählen und findet Zuhörer. Er gibt sich Mühe, ein gutes Referat zu halten, obwohl er glaubt, ein schlechter Schüler zu sein. Die Erlebnisse im Schulalltag bestätigen die Erkenntnis, die er im Umgang mit den Lamas gemacht hat: „Es hängt zu einem großen Teil von meinem Verhalten ab, wie andere mich wahrnehmen." Sein Selbstbewusstsein hat sich durch diesen Erkenntnisprozess verändert.

Dieses Beispiel zeigt, wie Erlebnisse Lern- und Erkenntnisprozesse beeinflussen und weist damit die Merkmale der erlebnispädagogischen Theorie auf. Berthold und Ziegenspeck sehen das Erlebnis als Ausgangspunkt der Persönlichkeitsbildung und aller Lernprozesse an (Berthold/Ziegenspeck 2002). Demnach entsteht Identität durch Erlebnisse.

7.1 Grundlagen der Erlebnispädagogik

Da Erlebnisse als zentraler Ausgangspunkt für Persönlichkeitsbildung und Entwicklungsförderung anzusehen sind, halte ich die Auseinandersetzung mit der erlebnispädagogischen Theorie für erforderlich, um ein tieferes psychologisches Verständnis für die Wirkung von Erlebnissen zu erlangen.

Die Erlebnispädagogik geht von einer ganzheitlichen Sichtweise aus. Der Mensch soll zu dem gebildet werden, was er ist. Damit wird das humanistische Menschenbild, das der Erlebnispädagogik zugrunde liegt, deutlich. In den USA wird der klientenzentrierte Ansatz von Carl Rogers (1902–1987), der mit seinem Persönlichkeitskonzept zu den Begründern der Humanistischen Psychologie gehört, als Grundlage der Gesprächsführung für Interventionen und Situationen herangezogen, die der Selbstexploration dienen und auf Verhaltensänderung abzielen.

Erfolgserlebnisse sollen dazu führen, dass ein negatives Selbstbild auf positive Weise aktualisiert wird und dysfunktionale Verhaltensweisen abgebaut werden können. Gesetzt wird hier auch auf die heilende Wirkung von Eustress (stimulierende Form des Stresses) und Flow-Erlebnissen im Sinne von M. Csikszentmihalyi (Heckmair/Michl 2018). „Nach einem erfreulichen

Ereignis wissen wir, dass wir uns verändert haben, dass das Selbst gewachsen ist: In gewisser Hinsicht sind wir dadurch komplexer geworden." (Csikszentmihalyi 1992, 22).

Aus **humanistischer Sicht** wirken Lernsituationen mit erlebnispädagogischer Orientierung indem:

- Die Ganzheitlichkeit gewährleistet ist, da Kognition, Emotion und Motorik gleichermaßen berücksichtigt werden.
- Der gesamte Aktionsprozess zählt, da die Planung und der Weg zum Ziel, mit allen seinen Höhen und Tiefen, untrennbar Teil des Ganzen sind.
- Defizitorientierte Sichtweisen ausgeblendet werden, da die Kinder und Jugendlichen nicht auf die therapeutisch-beraterische Ebene reduziert werden.

Auch aus **behavioristisch-lerntheoretischer Sicht** sind erlebnispädagogisch orientierte Aktivitäten vorteilhaft, da Gelingen oder Nichtgelingen direkt deutlich und ausgewertet werden können:

- Gelingt etwas besser als erwartet, reagiert der menschliche Körper mit der Aktivierung seines hirninternen Belohnungssystems. Die Ausschüttung des Neurotransmitters Dopamin aktiviert körpereigene Opiode, die ein Hochgefühl erzeugen (Heckmair/Michl 2018).
- Die Lern- und Informationsaufnahmefähigkeit wird durch die Ganzheitlichkeit sowie durch die Ausschüttung der genannten Hormone verbessert und die Erfahrungen werden mit Hilfe von Botenstoffen langfristig abgespeichert. Wenn es also gelingt, positive Erlebnisse anzubahnen, werden die dazugehörigen Verknüpfungen und Bewertungen nachhaltig in das Selbstbild integriert. So entstehen heilsame Erinnerungsbilder, die nach heutigem Stand als Resilienzfaktoren angesehen werden und helfen, Krisenzeiten zu bewältigen (Heckmair/Michl 2018).
- Wird das körpereigene Belohnungssystem angesprochen, resultiert daraus die Motivation, diese Erfahrung zu wiederholen. So kann es gelingen, dass Menschen durch nur ein positives Erlebnis emotionell so gestärkt werden, dass negative Erfahrungen verblassen und allgemein mehr Mut gefasst wird, auf neue Erfahrungen zuzugehen.
- Bei der erfolgreichen Zusammenarbeit mehrerer Personen ist ein positiver Einfluss auf hormonelle Vorgänge nachweisbar. Außerdem fungieren Interaktion und Kommunikation als Lernverstärker, da eigene Wahrnehmungen und Bewertungen mit den Einschätzungen anderer abgeglichen werden können (Heckmair/Michl 2018).

Der lerntheoretische Begriff „Bestrafung" passt in seiner Bedeutung nicht in das erlebnispädagogische Konzept. Doch die Konsequenzen eines bestimmten Verhaltens sind direkt spürbar und können sich im Sinne einer Bestrafung auswirken. Zur Erlebnispädagogik passt hier der Begriff „Erfahrungslernen", was auch durch Misserfolge und unangenehme Situationen ermöglicht werden kann.

Aufgrund der selektiven Verarbeitung durch die Sinnesorgane dringt nur ein Bruchteil der Wahrnehmungen in das Bewusstsein vor. **Die Tiefenpsychologie** beschäftigt sich mit der inneren Erlebenswelt. Solche Aspekte werden bei erlebnispädagogischen Interventionen berücksichtigt, durch:

- Die Möglichkeit zur Introspektion. Sie ist spätestens bei der Nachbereitung erlebnispädagogischer Aktivitäten gegeben. Je nach Art des Angebots kann das Selbsterleben auch Mittelpunkt der Aktivität sein. Momente, in denen die Selbstexploration das Erlebnis ist, gehören als untrennbarer Bestandteil zur Erlebnispädagogik. Sie sind nach außen hin oft nicht sichtbar und wirken deshalb eher unscheinbar.
- Begegnungen mit der Natur, denn sie gehen oft mit archetypischen Erfahrungen einher.

Wesentlich für die Erlebnispädagogik ist vor allem die Ausgewogenheit von innerem und äußerem Erleben.

Nach Heckmair und Michl sollen Personen, die erlebnisorientierte Angebote anbieten, über pädagogische und psychologische Kompetenzen verfügen, andererseits fachlich-sportliche Fähigkeiten mitbringen (Heckmair/Michl 2018). Eine wesentliche Voraussetzung ist darüber hinaus ein hohes Maß an Reflexionsvermögen sowie die Bereitschaft, sich zurücknehmen zu können. Gefragt ist eine Persönlichkeit, die sich nicht selbstdarstellerisch präsentiert, sondern sich als sensibler Moderator versteht. Diese Profilierung wird durch den, von Heckmair und Michl zitierten Ausspruch von Nicolai erweitert, der ausführt, dass Erlebnispädagogen Experten für das Medium, das sie anbieten, sein müssen (Heckmair/Michl 2018). Der Umfang und die Intensität der pädagogisch-psychologischen Ausbildung müsse auf den Personenkreis, mit dem gearbeitet werde, abgestimmt sein. Grundsätzlich nennen Heckmair und Michl drei tragende Säulen von Fachlichkeit, die in fast allen erlebnispädagogischen Modellen als Qualifikation erforderlich sind:

- technisch-instrumentelle Kompetenz,
- sozialpädagogische Kompetenz,
- Persönlichkeit (Heckmair/Michl 2018).

7.2 Expertinnen des Mediums Kleinkamel

Die technisch-instrumentelle Kompetenz, (Kap. 7.1) bezieht sich auf das projektbezogene Fachwissen und praktische Können.

Bei Angeboten mit Lamas und Alpakas bedeutet das, dass die projektleitende Pädagogin umfassende Kenntnisse über Haltung, Pflege, Fütterung, Verhalten, Umgang (Handling) und Training, Fortpflanzung, Zucht und Krankheiten der Tiere sowie über Giftpflanzen erworben haben muss, um garantieren zu können, dass auch aus tierschutzrechtlicher Sicht das Projekt einwandfrei durchgeführt werden kann.

Eine andere Möglichkeit wäre es, mit einem Züchter oder einem Anbieter von Lamatrekking zusammenzuarbeiten, der durch sein Fachwissen und Können das Wohlergehen der Tiere sicherstellen kann.

Um pädagogische Ziele erarbeiten zu können, ist es jedoch unerlässlich, sich mit dem Wesen und Verhalten von Neuweltkameliden intensiv auseinanderzusetzen und die Tiere, mit denen gearbeitet werden soll, genau kennenzulernen.

Die pädagogische Leiterin eines Projektes mit Kameliden braucht Wissen über die Wirkungszusammenhänge in der Erlebnispädagogik und innerhalb der Mensch-Tier-Beziehung, hier speziell auf die Wesensart der Neuweltkameliden bezogen. Die Planung einer Tageswanderung mit einer Kleingruppe von Kindern mit Verhaltens- und Entwicklungsstörungen erfordert u. a. die Erörterung verschiedener Fragestellungen:

- Soll jedes Kind ein Tier führen oder sollen die Kinder abwechselnd führen?
- Wer nimmt welches Tier?
- Soll eine anspruchsvolle Strecke mit Hindernissen gewählt werden?
- Wie verändern die Tiere die Dynamik in der Gruppe?
- Soll ein Gruppenziel oder individuelle Lernziele festgelegt werden?
- Wie viel Mitbestimmungsrecht soll den Kindern bezüglich Pausen, Strecke usw. eingeräumt werden?
- Welches Lama/Alpaka passt zu welchem Kind und worauf muss geachtet werden?
- Sollen Aufgabenstellungen erfolgen? (Wie z. B.: „Jetzt gehen wir 15 Minuten lang, ohne uns zu unterhalten!" oder: „Wir achten jetzt mal darauf, wie sich die Lamas bewegen!")
- Wie können sich diese Aufgaben auf welches Kind auswirken?

Da Aktivitäten mit Lamas und Alpakas vorwiegend in der Natur durchgeführt werden, sollten die pädagogischen Begleitpersonen fundiertes Wissen über Zusammenhänge in der Natur, über die Besonderheiten der jeweiligen Region und der heimischen Tierarten besitzen. Es ist immer hilfreich, unterwegs einen Naturführer zur Hand zu haben, um Fragen gemeinsam klären zu können.

7.3 Die pädagogische Kompetenz

Kommunikation und Gesprächsführung

„Die Fähigkeit, sich mit Kindern zu verständigen, will erarbeitet sein. Das kommt nicht von selbst!" (Korczak 2005, 302)

Erlebnisorientierte Pädagogik ist Beziehungsarbeit, die in ein Setting von Abenteuer und Erlebnis eingebettet ist. Diese Beziehungsarbeit wird dann dem pädagogischen Anspruch gerecht, wenn sie bewirkt, dass das dem Menschen innewohnende Wachstumspotential zum Ausdruck kommt. Für Pädagoginnen ist es in diesem Kontext wichtig, über gute Kompetenzen im Bereich der Kommunikation zu verfügen und mit der personzentrierten Gesprächsführung nach Rogers vertraut zu sein. Rogers Ansatz ist darauf ausgerichtet, den Menschen bei Selbsterkenntnis- und Selbstheilungsprozessen zu unterstützen. Besonders bei der Reflexion von Erlebtem, die ein hohes Maß an Selbstexploration aufweisen kann, ist Rogers Methode hilfreich (Rogers 2009).

Grundlegendes Wissen über Theorien der pädagogisch-psychologischen Kommunikation ist außerdem notwendig, um Missverständnissen vorzubeugen, mit Konflikten und Krisen umgehen zu können sowie respektvoll und angemessen Anweisungen und Erklärungen zu geben. Die im nächsten Abschnitt genannten kommunikationstheoretischen Ansätze stellen eine kleine Auswahl von hilfreichen Methoden vor:

- Die non-direktive Gesprächsführung nach Rogers ist vor allem bei Problem- und Gefühlsschilderungen sowie bei Beratungssituationen angebracht.
- Die Methoden von Thomas Gordon, wie z. B. „die wortlos übermittelte Annahme durch Nichteinmischung" und „passives Zuhören" sind Verhaltensweisen, die ohne Worte respektvoll und wertschätzend Akzeptanz ausdrücken (Gordon 2007, 46 ff.).

- Die Unterscheidung von „Ich-Botschaften" und „Du-Botschaften" ist hilfreich (Gordon 2007, Kap. 6, 7), um respektvoll Kritik am Verhalten eines Anderen zu üben.
- Des Weiteren soll hier „Das Modell der allgemeinen Psychologie der Kommunikation" von Friedemann Schulz von Thun vorgestellt werden. Schulz von Thun macht deutlich, dass gesprochene Nachrichten durch vier Aspekte beeinflusst werden, die den Inhalt der gesprochenen Botschaft bestimmen:

- den Sachinhalt,
- die Beziehung,
- die Selbstoffenbarung,
- den Appell (Schulz von Thun 2006, 13 ff.).

Diese vier Aspekte existieren auf der Seite des Sprechers, wie auch auf der Seite des Hörers.

Am folgenden Beispiel sollen die vier Aspekte erläutert werden.

Fallbeispiel

Herr L. möchte mit seiner 6-jährigen Tochter Ronja an einer pädagogischen Intervention mit Lamas und Alpakas teilnehmen. Beim Erstkontakt mit den Lamas zeigt sich Ronja auffallend ängstlich. Herrn L. ist dies sichtlich unangenehm. Betont freundlich, aber auch sehr nachdrücklich sagt er zu seiner Tochter: „Du brauchst keine Angst zu haben, Ronja. Die Lamas sind ganz lieb."

Mit dem Sachinhalt (1.) dieser Aussage: „Lamas sind lieb." hat Ronja wahrscheinlich keine Probleme. Die anderen Anteile der Aussage beinhalten aber, dass Herr L., als Vater und Beschützer von Ronja erwartet, dass sie sich sicher fühlt (2. Beziehung) und dass es ihm (3. Selbstoffenbarung) unangenehm ist, wenn sein Kind Angst zeigt. Der Appell (4.) der in dieser gesprochenen Botschaft steckt, könnte lauten: „Stell dich nicht so an!"

Ronjas Angst vor den Tieren, wird vom Vater nicht akzeptiert. Sie kann nun behaupten, sie möge die Lamas nicht und wolle nach Hause, um sich der Situation zu entziehen oder sie tut, was ihr Vater sich wünscht, verleugnet ihre Angstgefühle und zeigt sich tapfer. Es entsteht eine inkongruente Gefühlssituation für sie, d. h. sie kann nicht, ihren Gefühlen entsprechend, handeln. Dies wäre vermeidbar, wenn sie sich mit ihrer Angstreaktion angenommen fühlen dürfte. Gefühle der Inkongruenz können zu gegensätzlichen Reaktionen führen. So lehnt ein Kind etwas ab, was es eigentlich doch möchte bzw. sagt ja zu etwas, was es nicht oder noch nicht möchte.

Alltagskommunikation ist, wie dieses Beispiel zeigt, oft dysfunktional und Kommunikationsstörungen führen nicht selten zu Beziehungsstörungen. Gerade in der Erlebnispädagogik ist der Aufbau einer von Klarheit geprägten Beziehung wichtig. Wem psychologische Aspekte der Kommunikation bewusst sind, kann Störungen und Missverständnissen von vornherein entgegenwirken, damit eine vertrauensvolle Beziehung zum Klienten aufgebaut werden kann.

Pädagogische Grundhaltungen

Die Erarbeitung professionellen pädagogischen Handelns ist ein fortwährender Prozess, der alle Persönlichkeitsanteile betrifft.

Für den Aufbau und die Gestaltung von Beziehungen ergeben sich Grundhaltungen, die den Umgang mit jungen Menschen prägen (Rogers 2009). Sie bewirken, dass Kinder und Jugendliche ihre Fähigkeiten mit sich selbst und ihren interpersonellen Beziehungen fertig zu werden, nutzen und erweitern können. „Eine Beziehung, in der das Kind sich trotz seiner Fehler wirklich akzeptiert und respektiert fühlen kann, scheint dazu beizutragen, dass diese latente Fähigkeit manifest wird." (Rogers 2009, 253)

Rogers Konzept umfasst drei Grundhaltungen, die für die Pädagogin obligatorisch sind, um das Beziehungsangebot entwicklungsfördernd zu gestalten und Verhaltensänderungen und Problemlösungen durch, vom jungen Menschen selbst erarbeitete, Einsichten zu ermöglichen.

1. Einfühlendes Verstehen, Empathie: Die Pädagogin versucht, die Kinder und Jugendlichen von deren Bezugspunkt her zu verstehen. Durch die Techniken des Spiegelns und Paraphrasierens erhält die Pädagogin Rückmeldung, ob ihre Wahrnehmungen mit dem übereinstimmen, was das Kind oder die Jugendlichen sagen wollen bzw. empfinden. Gleichzeitig wird den jungen Menschen bestätigt und zurückgemeldet, welcher Eindruck durch ihre verbalen und nonverbalen Ausdrucksformen vermittelt wird. Durch diese Gesprächslenkung werden auch Gefühle thematisiert, die nicht bewusst ausgedrückt werden, aber für das Selbstverständnis von höchster Bedeutung sein können. „Das Ziel des Therapeuten ist es, die Dinge durch die Augen des Kindes zu sehen, um auf verbale Weise die ausgedrückten Gefühle des Kindes zu klären." (Rogers 2009, 253)

2. Uneingeschränkte Annahme: Nur wenn die Pädagogin darauf achtet, den jungen Menschen uneingeschränkt anzunehmen, kann dieser lernen, sich selbst anzunehmen. Selbstannahme ist der Ausgangspunkt für Selbstexploration. Denn nur dann, wenn auch unerwünschte Eigenschaften und Gefühle bei sich selbst akzeptiert werden können, ist es möglich, über diese nachzudenken und zu der Einsicht zu gelangen, dass ein bestimmtes Verhalten dysfunktional ist, sodass es daraufhin bewusst verändert werden kann.

3. **Echtheit, Kongruenz:** Nur wer sich Kindern und Jugendlichen gegenüber authentisch zeigt, verhält sich entwicklungsfördernd, denn Kinder spüren es, wenn Erwachsene etwas anderes sagen, als sie fühlen und reagieren verwirrt. Aufgrund ihrer sprachlich noch nicht voll entfalteten Fähigkeiten sind vor allem jüngere Kinder darauf angewiesen, genau zu beobachten. Darum richten sie sich eher nach dem beobachtbaren Verhalten von Erwachsenen, als nach Erklärungen und Belehrungen. Dies stellt an Pädagoginnen die Aufforderung darauf zu achten, dass verbal und nonverbal Ausgedrücktes zusammenpasst und die uneingeschränkte Akzeptanz des jungen Menschen immer echt ist. Es ist besser negative Gefühle nicht zu verleugnen, sondern zu ihnen zu stehen und sie angemessen zu integrieren.

Weiterhin ist es erforderlich, sich mit den **eigenen Ängsten und Unzulänglichkeiten** auseinander zu setzen, damit sie nicht durch unbewusste Signale auf die Klienten übertragen werden. Den Kindern und Jugendlichen sollte Zutrauen und Vertrauen entgegengebracht werden. Oft sind es Ängste der Pädagogin, die dazu führen, dass innerhalb einer tierbegleiteten Intervention lange Erklärungen abgegeben werden, überschwänglich gelobt wird und dadurch steifer pädagogischer Ernst herrscht.

Eine solche Atmosphäre verhindert Lernen im erlebnispädagogischen Sinn. Ein Kind, das gerade den Umgang mit Lamas erlernt, braucht Zeit zum Lernen. Nur wenn es als Teil des Lernens angenommen wird, dass Missgeschicke dazugehören, entsteht eine entspannte und humorvolle Lernsituation, in der Vertrauen und Sich-Trauen vorherrschen. Auch wenn es manchmal schwierig ist sich zurückzuhalten, wer jede Lernsituation mit Erklärungen, Lob und Verbesserungsvorschlägen kommentiert, verhindert viele Chancen der Selbsterfahrung, baut Leistungsdruck auf und blockiert die Lernenden.

Die Planung einer pädagogischen oder therapeutischen Intervention sollte immer nur eine Richtung vorgeben und nicht die **Flexibilität**, die das Hier und Jetzt erfordern, einschränken. Die aktuelle Situation und das aktuelle Empfinden des Kindes oder Jugendlichen haben absolute Priorität. Lernziele und Planungen sollten nicht verhindern, dass man sich spontan auf die Gefühlslage der Kinder und Jugendlichen einstellt. Nur die Offenheit und Achtsamkeit für alles, was fühlbar und beobachtbar ist, ermöglichen die nötige Flexibilität. Ein Kind, das ein Bedürfnis nach Ruhe, Verständnis und Geborgenheit mitbringt, profitiert von einer Mußestunde auf der Lamaweide mehr, als von der geplanten Aktivität auf dem Hindernisparcours, die das Durchhalte- und Konzentrationsvermögen fördern soll, damit es in der Schule und später, im Beruf bestehen kann.

Bei der Arbeit mit Gruppen kann es eine große Herausforderung sein, allen Teilnehmern gerecht zu werden. Wenn ein Kind dabei ist, das keine Lust auf das Angebot mit den Lamas hat, ist es hilfreich, auch diesem Kind **Akzeptanz** entgegenzubringen.

Fallbeispiel

Ein Jugendlicher, findet bei einer Gruppenaktivität „alle Lamas doof" und sagt, er habe keinen Bock, „durch den Wald zu latschen". Damit drückt der Junge seine Gefühlslage aus und sollte, auch wenn es unbequem und anstrengend ist, unbedingte Annahme erfahren.
Ich akzeptiere seine ablehnende Haltung und sage: „Ok, du hast keine Lust auf einen Lamaspaziergang. Das können wir jetzt nicht ändern. Die anderen möchten das Angebot heute nutzen und du bist mit dieser Gruppe hier. Es wird nicht erwartet, dass du dich beteiligst und ein Lama führst. Ich sehe, du hast einen MP3-Player und Kopfhörer. Wenn du möchtest, kannst du unterwegs Musik hören." Der Junge zeigt sich kompromissbereit und geht auf den Vorschlag ein. Unterwegs sieht es aus, als ob er den Lamaspaziergang schließlich doch genießt.

Besonders bei der Arbeit mit Gruppen, ist es wichtig, jedes Kind als **Individuum** wahrzunehmen, denn jedes Kind hat andere Ansprüche und Bedürfnisse. Wenn alle Kinder gleich behandelt werden, wird man vielleicht keinem der Kinder gerecht.

Pädagogische Grundhaltungen können vor falschen Entscheidungen und Reaktionen schützen und helfen Grundsätzen und Erkenntnissen treu zu bleiben, die durch Fachwissen und der bewussten Reflexion pädagogischer Situationen erworben wurden. Es sind keine starren Prinzipien, die neue Erfahrungen verhindern und die Handlungsmöglichkeiten verringern, sondern erworbene Einsichten, die die Basis für professionelles pädagogisches Handeln bieten und damit den Unterschied zur „Alltagserziehung" ausmachen.

8 Hygienemaßnahmen, Haftpflicht, Tierschutz und gesetzliche Bestimmungen

Neben der pädagogischen Qualifizierung, dem Fachwissen über Kameliden und den Fähigkeiten im Training und Handling mit den Tieren, müssen auch gesetzliche Bestimmungen berücksichtigt und erfüllt werden. Außerdem muss man sich über Hygienemaßnahmen und mögliche, vom Tier auf den Menschen übertragbare Krankheiten (Zoonosen) informieren.

8.1 Hygiene und Zoonosen

Grundsätzlich gibt es in unseren Breitengraden keinen Grund für übertriebene Ängste bezüglich der Krankheitsübertragung vom Tier auf den Menschen.

Durch Tiere können Viren, Bakterien, Parasiten und Pilze auf den Menschen übertragen werden. Parasitäre Zoonosen, übertragen durch Nahrungsmittel, treten am häufigsten auf. Weitere Übertragungswege sind Vektoren, wie Zecken oder Mücken, der direkte Kontakt mit dem Tier (auch durch Blut, Schleim, Exkremente) und seiner Umgebung (durch Einstreu, Stallgeräte) sowie durch die Luft (z. B. Tröpfchen bei Maul- und Klauenseuche).

Im Zusammenhang mit Neuweltkameliden treten Krankheitsfälle in Deutschland sehr selten auf. Meistens handelt es sich dann um Hautmykosen durch Pilze oder Hautprobleme durch Milben. Um das Risiko einer Ansteckung so gering wie möglich zu halten, sind folgende Maßnahmen erforderlich:

- Maßnahmen, die die Tiere betreffen:
  - regelmäßige Entwurmung und Kotkontrolle,
  - regelmäßige Parasitenkontrolle,
  - regelmäßige Gesundheitsüberprüfung durch den Tierarzt,
  - regelmäßige Nagel- und Fellpflege,
  - Verabreichung empfohlener Impfungen,
  - tägliche Beobachtung, ob Anzeichen von Krankheiten vorhanden sind.

- Maßnahmen im Umfeld des Tieres:
  - tägliches Saubermachen,
  - Sauberhalten der Wasser- und Futtereinrichtungen,
  - jeder Stall hat eigene Reinigungsgerätschaften,
  - ggf. eigene Arbeitskleidung, die nur im Stall getragen wird.

- Präventiv- und Hygienemaßnahmen:
  - nach jedem Tier- und Stallkontakt Hände waschen,
  - evtl. leichte Desinfektion,
  - Schleimhautkontakte vermeiden (z. B. „Küsschen geben"),
  - direkten Kontakt mit Exkrementen und kontaminierter Erde/Staub vermeiden,
  - nach äußerlicher Anwendung von Medikamenten beim Tier, Berührungen vermeiden (Trah 2009, AATLA-Skript).

Um die allgemeinen Hygienemaßnahmen vor Ort sicherzustellen, sollte die Möglichkeit bestehen, in Stallnähe die Hände unter fließendem Wasser waschen zu können. Falls nötig (z. B. bei Menschen, die dazu neigen, die Hände in den Mund zu stecken oder nach Kontakt mit Exkrementen) sollte ein leichtes Desinfektionsmittel bereit stehen.

Nur bei Menschen mit schweren Störungen des Immunsystems ist es im Einzelfall abzuwägen, ob oder mit welchen Einschränkungen eine tierbegleitete Maßnahme durchgeführt werden sollte.

Das Tierhaarallergierisiko ist bei Kameliden niedrig, da sie Fellpflege nicht durch Lecken betreiben, sondern durch Wälzen im Sand. Die meisten Tierhaarallergien werden durch den Speichel, der an den Haaren klebt, ausgelöst.

8.2 Tierhalterhaftpflichtversicherung

Wer Tiere hält, ist für Schäden, die die Tiere verursachen, haftbar. Im privaten Zusammenhang ist hier eine Tierhalterhaftpflichtversicherung sinnvoll, da entlaufene Lamas oder Alpakas, alleine oder im Herdenverband, Schäden verursachen können. Dieses sogenannte Weiderisiko deckt die private Haftpflichtversicherung für Tierhalter ab. Die genauen Konditionen müssen individuell erarbeitet werden, da häufig noch andere Tiere mitversichert werden sollen oder sich durch besondere Voraussetzungen (z. B. Landbesitz von 1 Hektar oder mehr ist evtl. Grundlage für eine Haftpflichtversicherung speziell für Landwirte) Bedingungen ergeben, die berücksichtigt werden können oder müssen.

Ein Versicherer, der auf landwirtschaftliche Objekte spezialisiert ist, ist oft besonders flexibel und die Versicherung von Kameliden ist dort schon bekannt. Sonst kann es vorkommen, dass ein Lama mit einem Pferd gleichgesetzt wird und der Versicherungsbeitrag wesentlich höher ausfällt, als angemessen. Es ist in jedem Fall sinnvoll, ein Vergleichsangebot einzuholen.

Sobald gewerblich mit Lamas und Alpakas gearbeitet wird, ist eine betriebliche Haftpflichtversicherung erforderlich. Der genaue Versicherungsumfang ist mit dem Agenten zu besprechen.

Fall-beispiel

Höhe der Versicherungskosten (exemplarisch):
Tierbegleitete Pädagogik/Seminararbeit mit Lamas und Alpakas

- Beitrag: 143 €/jährlich
- Deckungssumme: 2.000.000€ pauschal für Personen- und Sachschäden und 100.000 € für Vermögensschäden
- Darin enthalten: das Halten von Lamas und Alpakas (nach Anzahl der Tiere); Menge: 9 Tiere

In der Regel sind im Versicherungsumfang weitere übliche Risiken, die sich aus der Tierhaltung bzw. der beruflichen Tätigkeit ergeben können (z. B. Verlust fremder Schlüssel, Umweltschäden, Mietschäden, Medienverlust, Leitungsschäden, Allmählichkeits- und Abwässerschäden), enthalten.

8.3 Tierschutz

Auf die Bedingungen, um Lamas und Alpakas artgerecht zu halten, wurde bereits in Kapitel 2 eingegangen. An dieser Stelle soll nochmal betont werden, dass für die artgerechte Haltung der Tiere weiteres Wissen und praktische Fähigkeiten notwendig sind, die in einem Basiskurs für die Haltung von Neuweltkameliden und einem Sachkundekurs erworben werden können (Infos zu Basis- und Sachkundekursen gibt es bei den Vereinen und Verbänden, weitere Hinweise und Links zu deren Webseiten finden Sie im Anhang des Buches). Viele vermeidbare Haltungs- und Handlingsfehler werden aus Unwissenheit begangen. Das „Lehrgeld" zahlen in diesem Fall nicht nur die Tierhalter, sondern auch die Tiere. Auch wer Erfahrung in der Haltung von Pferden, Schafen oder anderen Nutztieren hat, muss sich intensiv mit den speziellen Bedürfnissen der Kameliden auseinandersetzen, da Umgang und Haltungsbedingungen immer nur ansatzweise mit den Voraussetzungen für andere Tiere zu vergleichen sind.

Die Tierschutzgesetze fordern, dass Tiere als Mitgeschöpfe verantwortungsbewusst behandelt und gehalten werden.

In Deutschland regelt das Tierschutzgesetz in der Fassung vom 18.05.2006 das Halten, Töten, Zurschaustellen und Transportieren von Tieren (www.gesetze-im-internet.de/tierschg/index.html, 24.02.2019).

In Österreich gilt im Allgemeinen das Tierschutzgesetz (TSchG) und in der 1. Tierhaltungsverordnung sind in Anlage 11 die Mindestanforderungen für die Haltung von Lamas geregelt (www.ris.bka.gv.at/GeltendeFassung.wxe?Abfrage=Bundesnormen&Gesetzesnummer=2003820, 24.02.2019).

In der Schweiz gilt die Tierschutzverordnung (TSchV) vom 23.04.2008. Die Anforderungen für die Haltung von Lamas und Alpakas sind in Abschnitt 6 aufgeführt. Art.57 und 58 beschreiben die Haltungs- und Fütterungsbedingungen. Die Abmessungen für die gesetzlichen Mindestgrößen für Ställe und Gehege befinden sich in Anhang 1, Tabelle 6 (www.admin.ch/opc/de/classified-compilation/20080796/index.html, 24.02.2019).

Gesetzliche Bedingungen bei gewerblicher Nutzung

Tierhaltung, die der gewerblichen Nutzung (hierzu zählt die pädagogische/therapeutische Nutzung in der Regel) dient, muss beim zuständigen Veterinäramt angemeldet werden. Dies gilt für Deutschland, die Schweiz und Österreich gleichermaßen.

In Deutschland muss nach §11 des Tierschutzgesetzes durch einen Sachkundenachweis oder ein Fachgespräch nachgewiesen werden, dass die erforderlichen Kenntnisse und Fähigkeiten, um die Tiere artgerecht halten zu können, vorliegen. Ein polizeiliches Führungszeugnis wird als Bestätigung für die Verlässlichkeit des Halters angefordert. Bevor die Erlaubnis zur gewerblichen Haltung erteilt wird, erfolgt in der Regel eine unangemeldete Kontrolle der Haltungsbedingungen.

Die Tiere müssen im Sinne des Tierseuchengesetzes registriert werden. Der Tierbestand, die Verabreichung von Medikamenten und medizinische Eingriffe müssen dokumentiert werden.

Ebenfalls von Relevanz ist die Tierschutztransportverordnung. Vor allem dann, wenn Tiere weiter als 65 km transportiert werden sollen, ist der Erwerb eines Befähigungsnachweises erforderlich. Dieser Nachweis ist durch Teilnahme an einem Lehrgang mit anschließender Prüfung zu erlangen und gilt nur in Verbindung mit einer gültigen Sachkundebescheinigung (www.gesetze-im-internet.de/tierschtrv_2009/index.html, 24.02.2019).

In Österreich regelt §31 des Tierschutzgesetzes (TSchG) die Haltung von Tieren im Rahmen gewerblicher Tätigkeiten. Die Einholung der Bewilligung ist hier nach §23 TSchG erforderlich. Zur Betreuung der Tiere ist ein Sachkundenachweis erforderlich. Medizinische Eingriffe und Veränderungen des Tierbestands müssen dokumentiert werden (§21 TSchG). Die Haltungsbedingungen werden kontrolliert (§35 TSchG) (www.ris.bka.gv.at/GeltendeFassung.wxe?Abfrage=Bundesnormen&Gesetzesnummer=20003541, 24.02.2019).

In der Schweiz besteht nach Art.101 der Tierschutzverordnung (TSchV) die Meldepflicht bei der kantonalen Behörde, wenn Nutztiere gewerbsmäßig gehalten werden. Für die Anmeldung ist die Formularvorlage des BLV nach Art.209 Absatz 2 bzw. 3 TSchV erforderlich. Personen, die Lamas oder Alpakas betreuen, benötigen einen Sachkundenachweis (Art.31). Die Haltung von Neuweltkameliden wird von der kantonalen Fachstelle kontrolliert. Tiertransporte sind ab Art.150 der TSchV geregelt (www.admin/ch/opc/de/classified-compilation/20080796/index.html, 24.02.2019).

TIPP

Wichtig ist es, rechtzeitig die zuständige Behörde zu kontaktieren, um die genauen Erfordernisse und Einzelheiten zu erfahren, da die Amtsveterinäre, die für die Einhaltung und Überwachung der Tierschutzgesetze zuständig sind, die Auslegung der Gesetze unterschiedlich handhaben.

Sicherheit und Wohl der Tiere im Arbeitseinsatz

Gesunde und artgerecht gehaltene Tiere sind die Voraussetzung für die erfolgreiche tierbegleitete Arbeit. Den Tierschutz und die individuellen Bedürfnisse der Tiere konsequent zu berücksichtigen, ist ebenso wichtig wie das klientenzentrierte Arbeiten.

In Bezug auf die pädagogische und therapeutische Arbeit mit Neuweltkameliden sind noch weitere Aspekte erwähnenswert, denn klientenzentriertes Arbeiten geht manchmal zu Lasten der Tiere. Darum sollte das Wohlergehen der Tiere immer im Auge behalten werden und im Zweifelsfall sollte eine Aktivität abgebrochen werden. Dies ist auch immer im Sinne der Pädagogin, die die Lamas und Alpakas als Begleittiere einsetzt, denn Kameliden, deren Stresssymptome und Unmutsäußerungen nicht beachtet werden, verweigern irgendwann die Mitarbeit. Außerdem hat die klare und tierfreundliche Haltung der Pädagogin Vorbildfunktion und sie zeigt ethische Grenzen im Umgang mit Tieren auf.

Ist man mit den Lamas auf Trekkingtour, muss die Tiersicherheit unterwegs bedacht werden. Immer wieder passiert es, dass Tiere sich aufgrund falsch angelegter Halfter oder weil sie angebunden allein gelassen werden, verletzen oder sogar zu Tode kommen. Falls es einmal wirklich nicht möglich ist, nachts einen Paddock zu bauen und die Tiere angebunden werden müssen, sollte immer eine Person Wache halten, damit ein Lama, das sich im Anbindeseil verfangen hat, befreit werden kann. Besser ist es, immer einen anderen Lagerplatz einzuplanen, denn auch die Tiere haben Erholung nötig! Außerdem ist es wichtig, dass die Kameliden unterwegs genug Zeit und Gelegenheit zur Futteraufnahme und zum Wiederkäuen haben.

Zum Wohle von Mensch und Tier sollte die Pädagogin ihre Kameliden genau kennen, bevor sie professionell mit ihnen arbeitet. Dies bedeutet, dass sie viele Situationen mit ihren Tieren erlebt haben muss, um das individuelle Verhalten einschätzen zu können:

- Wie verhält sich das Lama, wenn es einem freilaufenden Hund begegnet?
- Hat das Alpaka Angst vor einem Regenschirm?
- Toleriert das Lama Zigarettenrauch?
- Gibt es Geräusche, die die Tiere in Panik versetzen?

Um Antworten auf diese und viele andere Fragen zu finden, vergehen ein bis zwei Jahre (je nachdem, wie oft man sich mit den Lamas und Alpakas beschäftigt).

Nur wer konsequent auf seine Tiere Rücksicht nimmt, hält auf Dauer eine vertrauensvolle Beziehung zu ihnen aufrecht. Diese Beziehung ist die wichtigste Grundlage für die erfolgreiche Arbeit mit Begleittieren.

Literatur

Andreae de Hair, I. (2009): Neuweltkameliden im Kontext der Kinder- und Jugendhilfe und Traumapädagogik mit der Hilfe von Neuweltkameliden. LAMAS 17 (3), 30–41

Berthold, M., Ziegenspeck, J.W. (2002): Der Wald als erlebnispädagogischer Lernort für Kinder. Edition Erlebnispädagogik, Lüneburg

Csikszentmihalyi, M. (1992): Flow – Die sieben Elemente des Glücks. Psychologie Heute 19 (1), 20–29

Gauly, M. (Hrsg.)(2002): Neuweltkameliden – Ein Leitfaden für Halter, Züchter und Tierärzte. 2. Aufl. Parey, Berlin

Gordon, Th. (2007): Familienkonferenz. 46. Aufl. Wilhelm Heyne, München

Greiffenhagen, S., Buck-Werner, O.N. (2009): Tiere als Therapie – Neue Wege in Erziehung und Heilung. 2. Aufl. Kynos, Nerdlen

Heckmair, B., Michl, W. (2018): Erleben und Lernen. Einführung in die Erlebnispädagogik. 8. Aufl. Ernst Reinhardt, München/Basel

Hüther, G. (2002): Die Folgen traumatischer Kindheitserfahrungen für die weitere Hirnentwicklung. Internetzeitschrift des Landesverbandes für Kinder in Adoptiv und Pflegefamilien S – H e.V. (KIAP) und der Arbeitsgemeinschaft für Sozialberatung und Psychotherapie (AGSP), www.agsp.de/html/a34.html, 26.02.2019

IAHAIO (2014): IAHAIO Weissbuch 2014. Definitionen der IAHAIO für Tiergestützte Interventionen und Richtlinien für das Wohlbefinden der beteiligten Tiere. In: www.iahaio.org/wp/wp-content/uploads/2017/05/iahaio-white-paper-2014-german.pdf,10.04.2019

Jung, C.G. (2001a): Synchronizität, Akausalität und Okkultismus. Deutscher Taschenbuch Verlag, München

Jung, C.G. (2001b): Archetypen. Deutscher Taschenbuch Verlag, München

Korczak, J. (2005): Wie man ein Kind lieben soll. 13. Aufl. Vandenhoeck & Ruprecht, Göttingen

Lang, T. (2013): Kinder brauchen Abenteuer. 4. Aufl. Ernst Reinhardt, München/Basel

McGee Bennett, M. (2006): Das Kameliden-Kompendium. Verlag Marty McGee Bennett, Bend, Oregon, USA

Meyers Großes Taschenlexikon (2003): Brockhaus, Mannheim

Olbrich, E. (2003): Biophilie: Die archaischen Wurzeln der Mensch-Tier-Beziehung. In: Olbrich, E., Otterstedt, C. (Hrsg.): Menschen brauchen Tiere. Kosmos, Stuttgart, 68–76

Otterstedt, C. (2003): Der heilende Prozess in der Interaktion zwischen Mensch und Tier. In: Olbrich, E., Otterstedt, C. (Hrsg.): Menschen brauchen Tiere. Kosmos, Stuttgart, 58–68

Otterstedt, C. (2001): Tiere als therapeutische Begleiter. Kosmos, Stuttgart

Pflug, B. (2017): Trecking mit ehemaligen Drogenabhängigen. In: Gäng, M. (Hrsg.): Erlebnispädagogik mit dem Pferd. 4. Aufl. Ernst Reinhardt, München/Basel, 66–70

Poustka, F., Bölte, S., Feineis-Matthews, S., Schmötzer, G. (2004): Autistische Störungen. Leitfaden Kinder- und Jugendpsychotherapie. Hogrefe, Göttingen/Bern

Prothmann, A. (2008): Tiergestützte Kinderpsychotherapie. Theorie und Praxis der tiergestützten Psychotherapie bei Kindern und Jugendlichen. 2. Aufl. Peter Lang, Frankfurt am Main

Rappersberger, G. (2000): Lamas und Alpakas. Ulmer, Stuttgart

Rogers, C. R. (2009): Die klientenzentrierte Gesprächspsychotherapie. 18. Aufl. Fischer, Frankfurt am Main

Rolff, H.-G., Zimmermann, P. (2001): Kindheit im Wandel. 6. Aufl. Beltz, Weinheim/Basel

Schulz von Thun, F. (2006): Miteinander reden 1. Rowohlt, Reinbek

Sheldrake, R. (1999): Der siebte Sinn der Tiere. Scherz, Bern/München/Wien

Trah, M. (2009): Zoonosen, Tierschutz, Hygiene und Tiergesundheit. AATLA-Skript

Weiß, W. (2008): Philipp sucht sein Ich. Zum pädagogischen Umgang mit Traumata in den Erziehungshilfen. 4. Aufl. Juventa, Weinheim/München

Wenz, C. (2007): Einführung in die Ethologie. AATLA-Skript

Wiede, M. (2005): Alpakas in der Mythologie. LAMAS 13 (1), 27

Wiede, M. (2004a): Woher kommen Alpakas und Lamas? LAMAS 12 (3), 26

Wiede, M. (2004b): Die Farben der Tiere. LAMAS 12 (4), 24–25

Zuffellato, A., Kreszmeier, A. H. (2007): Lexikon Erlebnispädagogik. Theorie und Praxis der Erlebnispädagogik aus systemischer Perspektive. Ziel, Augsburg

Weiterführende Websites

Ausbildung

- Ausbildungsinstitut AATLA: www.aatla.de

Organisationen

- ESAAT (European Society for Animal Assisted Therapy): www.esaat.org
- IAHAIO (International Association of Human-Animal Interaction Organizations): www.iahaio.org
- Isaat (International Society for Animal Assisted Therapy): www.aat-isaat.org

Verbände und Vereine in Europa

- Dänemark
  - Dansk Lamaforening: www.dansklamaforening.dk
- Deutschland
  - Alpaca Association e.V.: www.aaeV.de
  - Alpaka- und Lama-Zuchtverband Mitteldeutschland e.V.: www.alpakas-lamas.org
  - Arbeitsgemeinschaft Europäische Lama- und Alpaka-Shows: www.aelas.org
  - Alpaka Zucht Verband Deutschland e.V.: www.azvd.de
  - Verein der Züchter, Halter und Freunde von Neuweltkameliden e.V.: www.nwk-verein.de
- Finnland
  - Suomen alpakka- ja laamayhdistys ry: www.alpaca.fi
- Frankreich
  - Association Francaise Lamas et Alpagas: www.lamas-alpagas.org

- Großbritannien
  - British Camelid Association: www.britishcamelids.co.uk
  - British Llama Society: www.britishllamasociety.org
  - The British Alpaca Society: www.bas-uk.com
- Italien
  - Società Nazionale ALPACA e LAMA: www.alpacaelama.it
- Österreich
  - Lama und Alpaka Register Austria, Verband österr. Lama- und Alpakahalter LARA: www.lamas-alpakas.at
- Schweden
  - Österlen Alpacka: www.alpacka.se
- Schweiz
  - Neuweltkameliden Schweiz: www.nwks.ch

(Alle Links in diesem Kapitel: Stand Februar 2019)

Sachwortregister